코칭 요리사가 진행하는
EASY COACHING

COACHING CHEF'S GUIDE

What is Coaching?

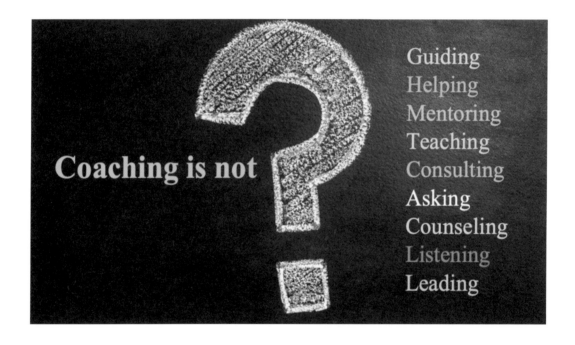

Coaching is not

Guiding
Helping
Mentoring
Teaching
Consulting
Asking
Counseling
Listening
Leading

인식과 행동의 변화를 위한
EASY COACHING WORKBOOK

APPLE TREE

COACHING TIME
코칭타임

LEADERSHIP PARADIGM

현대는 빛의 속도라고 부를 수 있을 만큼 빠르게 진행되는 산업과 문화의 변화로 인해 한 사람이 깨우치고 알아야 할 정보와 지식 그리고 쌓아야 하는 역량이 과거의 어느 때보다도 훨씬 방대해졌다. 한 세대를 30년이라고 여겼던 시대는 벌써 오래 전 이야기가 되어 버렸고, 이제는 어제와는 또 다른 새로운 길을 찾아야만 생존과 경쟁이 가능한 시대가 된 것이다. 특히 오늘날은 하나의 진리와 사고 방식 그리고 전통을 인정하지 않고 각자의 서로 다른 사고방식을 하나의 독특성으로 받아들이는 포스트 모더니즘의 영향이 극대화되고 있다. 이로 인해 과거와 현재, 서로 다른 문화권의 사람들과의 만남과 소통 그리고 이해의 능력이 더욱 요구되는 시대라고 할 수 있다.

이러한 격동의 시기에 당신은 어떠한 리더십을 갖추기 원하는가? 아직도 우리 주변에 적지 않은 자신의 주장을 고집하며 타인들이 묵묵히 따라오기를 기대하는 권위주의 리더십을 주목하고 있는가? 우리가 살고 있는 시대는 이런 유형의 희귀한 사람들이 아직도 주변에 존재하고 있다는 것이 이상하게 여겨지는 때가 되었다. 지금이야말로 리더가 조직원들을 앞에서 자신의 목소리를 높이며 무작정 이끌고 가려고 하기보다는 그들의 인식과 관점에 변화를 자극하여 팔로워들(followers) 스스로가 자발적인 행동에 나서도록 만드는 <코칭 리더십>의 역할이 한층 더 증대되고 있는 시점이라고 보여진다.

현대인들은 수많은 자극에 노출되어 있으며 알쏭달쏭한 정보와 유행 속에서 선택의 어려움을 겪고 있다. 다양한 정보와 대안(Options)들이 있다는 것은 한편으로는 행운이지만, 동시에 무엇이 사실인지 최선인지를 구별해야 하는 능력 또한 필요한 시대가 되었다.

4

IT'S COACHNG TIME

바야흐로 지금은 코칭의 시대이다. 코칭의 특징은 앞으로 기술하겠지만 연결, 소통, 관점의 개발, 다양성의 수용 그리고 강점의 극대화라고 할 수 있다. 이러한 코칭의 장점은 현대를 살아가는 사람들이 자신들의 앞에 전개되고 있는 상황을 명확하게 통찰하여 기민하고 구체적으로 행동할 수 있는 능력을 고양시키는 것이다. 우리가 살고 있는 현실을 규정하는 여러 가지 용어 중 하나가 '제 4 차 산업혁명 시대' 이다.

"4 차 산업혁명은 인공지능기술 및 사물 인터넷, 빅데이터 등 정보통신기술 (ICT)과의 융합을 통해 생산성이 급격히 향상되고 제품과 서비스가 지능화 되면서 경제·사회 전반에 혁신적인 변화가 나타나는 것을 의미한다. 4 차 산업혁명은 다양한 제품·서비스가 네트워크와 연결되는 초연결성과 사물이 지능화 되는 초지능성이 특징이며, 인공지능기술과 정보통신기술이 3D 프린팅, 무인 운송수단, 로봇공학, 나노기술 등 여러 분야의 혁신적인 기술들과 융합함으로써 더 넓은 범위에 더 빠른 속도로 변화를 초래할 것으로 전망된다." (매경 시사용어 사전)

상술한 바 4 차 산업혁명의 시대의 특징들에 더하여 가치관의 혼란 및 모호함, 다양성, 실험적 및 예측 불가능성 등은 이 시대를 가장 잘 대변해 주고 있는 단어들임에 틀림없을 것이다. 특히 한 사회 안에서 다양한 문화가 공존하고 정보 격차와 더불어 세대 간 그리고 계층 간의 인식 차이가 더욱 커짐에 따라서 자연스럽게 이해와 포용 그리고 새로운 관점을 제공하는 소통의 리더십에 대한 관심이 높아져 가고 있는 상황이다. 이러한 시대에 우리에게 신뢰를 기반으로 각 개인의 잠재력을 깨워주며 동시에 인식과 행동의 변화를 이끌어 내는 코칭 리더십은 매우 희망적인 대안일 것이다.

코칭은 본래 개인 혹은 그룹이 겪을 수 있는 여러 가지 문제를 푸는 과정에 있어서 전문 코치와 더불어서 문제의 본질을 확인하고 변화를 통해 발전하기 위해 함께 일하는 과정이다. 사회의 각계 각층에서 일하고 있는 리더와 그들이 속한 조직은 각각의 목표를 가지고 있기 마련이다. 이때 코치는 각 분야의 리더들 즉 피코치들과 함께 파트너십을 맺고 그 목표를 향해 함께 나아가는 것이다. 그 여정에서 코치는 적재 적소에 알맞은 질문을 던짐으로써 인식의 변화를 통해 피코치들이 발견하지 못한 숨어있는 능력을 깨우고 동시에 다양한 대안책을 모색하며 실천적 행동 전략을 마련함으로 목표를 달성할 가능성을 최대화하는 인재 개발 시스템이기도 하다.

코칭의 전문적이고 체계적인 훈련이 적극적으로 요구되고 있는 상황에서 캐나다 밴쿠버에 본부를 두고 있는 GCLA (Global Coaching Leadership Association) 글로벌 코칭리더십 협회의 코칭 연구팀은 더욱 창의적이고 전략적인 코칭 방법을 개발해 내고 공유하기 위해 적극적인 역할을 하려고 애쓰고 있다.

또한 현재 전 세계적으로 주목받고 있는 '상담코칭'에 중점을 두고 수많은 탁월한 코치들을 훈련 및 배출하고 있는 토론토에 위치한 캐나다 크리스천 대학교 (Canada Christian College & Schools of Graduate Theological Studies)의 '코칭 상담학 석박사 과정'에서 이루어질 실천적 과목들을 GCLA 의 핵심 프로그램에서 만날 수 있을 것이다.

한국은 물론이고 전 세계의 코칭학의 방향은 '상담 코칭' 과 '비즈니스 코칭'으로 신속하게 이동하며 역량이 집중되고 있는 과정 가운데 있다. 기존의 상담학 또한 이러한 방향과 필요성을 인식하고 그 실천적 전환을 모색하고 있는 시기이기도 하다. 이러한 조짐과 변화들은 앞으로 더욱 더 '코칭의 시대'가 활짝 열리게 될 것임을 예상하게 한다. 그러므로 프로페셔널한 코치를 세우는 일은 이 시대가 필요로 하는 글로벌 리더를 발굴하고 그들의 재능과 은사를 발견, 육성하는데 있어서도 매우 중요한 핵심 역할을 하게 될 것이다.

이러한 전망 가운데 'GCLA 글로벌 코칭리더십 협회' 는 앞으로도 계속해서 북미 다문화 도시인 밴쿠버와 세계의 코칭의 시장으로서 뿐만 아니라 코칭학의 발전에 있어서도 핵심 도시로 떠오르고 있는 서울을 주목하고 있다. 앞으로 코칭의 수행 능력 뿐만 아니라 시대적 사명 의식이 투철한 코치들과 더불어 각계 각층의 리더들을 만나고 훈련함으로써 코칭을 통하여 세상을 변혁시킬 글로벌 리더로 한층 그 능력이 격상될 수 있도록 그 역할과 책임을 다 할 것이다.

마지막으로 교재 연구에 함께 참여해 주신 GCLA 밴쿠버 챕터의 대표인 김원진 코치를 비롯하여 한국의 코치 임원들과 이 교재가 빛을 볼 수 있도록 격려를 아끼지 않으신 본회의 이사들 그리고 GCLA 의 모든 회원들께도 감사의 마음을 전한다.

Contents

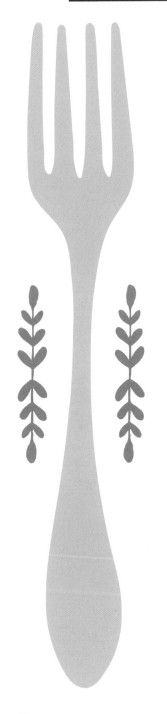

Contents

EASY COACHING
이지코칭

CHAPTER 1
코칭시대

지금은 코칭시대이다. 다양한 많은 리더십이 그동안 등장했지만
코칭만큼 한 개인의 인식을 바꾸고 행동에 변화를 주는 리더십은 없었다.
이렇게 확실히 코칭은 문제로 인해 어려움을 겪고 있는 이들에게
선택의 폭을 넓혀 줌과 동시에 창의적이고 혁신적인 과정을 통하여
개인과 조직의 성과를 향상시키는 새로운 리더십이라고 하겠다.

COACHING AGE
코칭시대

CHAPTER 1

탁월한 코치로서 알려진 Tony Robbin 은 커뮤니케이션의 중요성에 대해서 "삶의 질은 커뮤니케이션 기술로 정해진다" 고 힘주어 말하고 있다. 성공적인 인생 뿐만 아니라 풍요로운 삶을 꾸려가기 위해서는 커뮤니케이션 능력이 매우 중요하다는 것은 더 이상 의심의 여지가 없는 사실이다. 학력이나 좋은 지위를 가지고 있더라도 탁월한 커뮤니케이션 능력이 없다면 인간 관계뿐만 아니라 사회생활에서도 많은 장애물을 만날 수 있으며 예기치 못한 곤란에 봉착할 수가 있다.

> "인간에게 가장 중요한 힘은 표현력이며, 현대의 경영이나 관리는
> 커뮤니케이션에 좌우된다" (피터 드러커, 경영학자, Next Society 저자)

그 동안 적지 않은 사람들이 자신들의 삶 가운데서 문제가 생기게 되면 상담사와 컨설턴트, 그리고 멘토링의 도움을 받아왔다. 아직도 이러한 방법들이 많은 사람들을 돕고 있다는 사실을 인정해야 할 것이다. 이러한 분야에서 통찰과 영감을 얻는 일은 인간의 지성을 풍부하게 해주며 삶의 문제들에 대하여 용기있게 부딪칠 수 있는 능력을 제공한다. 그렇지만 지금은 아주 색다른 차원에서 분명하게 또 하나의 희망의 소식이 우리에게 전해지고 있는데, 그것은 바로 코칭의 시대가 활짝 열렸다는 것이다. 확실히 코칭은 문제로 인해 어려움을 겪고 있는 이들에게 선택의 폭을 넓혀 주었다. 동시에 창의적이고 혁신적인 프로세싱을 통하여 다른 어떠한 접근 방법보다도 더 효과적으로 개인의 잠재 능력을 계발하고 발휘하도록 하여 개인과 조직의 성과를 향상시키는 새로운 리더십이라고 하겠다.

총 7 단계로 구성된 'EASY COACHING' 워크북의 첫 번째 과정은 이 시대 최고의 리더십으로 떠오른 코칭에 대한 이해의 첫 발걸음을 떼는데 유용한 내용으로 꾸몄다. '코칭시대' 라는 주제 하에 코칭의 역사를 다루며 다른 학문과의 유사점 및 차이점 그리고 코칭만이 가지고 있는 고유의 문화 및

리더십의 위치를 소개하고 실전 코칭을 통하여 코칭에 처음 입문한 사람들의 이해력과 실행력을 높이는데 도움을 주고자 하였다.

또한 코칭에는 많은 유용한 기술들이 있지만 그 중 한 가지가 강력한 질문이다. 그러므로 본서에서는 각 상황에 따른 효과적인 질문의 예와 사례를 담아 이해의 폭을 넓히도록 노력하였다. 이러한 질문들은 독특한 상황에서 사용할 수 있는 한 가지 예가 될 뿐 만 아니라 입문자들에게 응용의 능력을 배가할 수 있는 도구가 될 수 있을 것이다.

마지막으로 한 가지 혹시 있을 수 있는 독자들의 혼란을 방지하기 위해 용어 사용에 대한 설명을 덧붙이고자 한다. 상담에서는 상담 전문가를 '상담자'로 표현하고 상담을 받는 사람을 '내담자'로 부른다. 컨설팅에서는 '컨설턴트'와 '의뢰인' 혹은 '고객' 이라는 용어를 사용하고 있다. 멘토링에서는 '멘토'와 '멘티' 라는 용어를 사용한다.

코칭에서는 흔히 '코치'와 '피코치' 라는 용어를 쓰지만 코치에 따라서는 고객이라는 용어도 많이 사용하고 있다. '피코치' 라는 용어 자체가 한자와 영어를 합성한 것으로서 어색한 면이 있으며 또한 '코칭을 받는 사람'이라는 의미로 받아들여질 수 있을 가능성이 농후하다. 이는 의도적이든지 아니든지 간에 코칭 이론에도 부합되지 않는 혼란을 야기할 수 있다. 왜냐하면 코치는 가르치는 사람이나 주도하는 사람이 아니며 조력자의 역할을 해야 하기 때문이다. 실제로 어느 상황에 따라서는 피코치가 또 다른 상황에서는 고객이 더욱 적합한 용어로 여겨질 수 있다.

그러므로 이 책에서는 피코치와 고객이라는 용어를 자유롭게 혼용하고자 한다. 이 점에 있어서 독자들의 많은 이해와 양해가 있기를 바란다.

1 코칭의 역사

현재의 '코치'라는 용어는 헝가리의 콕스 (Kocs)라는 도시로부터 유래되었다. 이 도시에서 제작된 마차를 '콕시'(kocis) 혹은 '콧지'(kotdzi)로 불렀다. 이후에 영국에서는 마차를 '코치'(coach)로 부르게 되었는데 지금의 '코칭' 혹은 '코치'라는 단어는 여기서 기인한다. 또한 1940년대 옥스포드 대학에서는 학생들의 학습을 돕기 위해 고용한 개인 교사를 '코치'라고 부르기도 했다. 이후 1880년대부터는 본격적으로 스포츠 분야에서 사용되기 시작했으며 오늘날은 그 외 매우 다양한 분야에서 이 용어가 사용되고 있다.

현대적인 코칭의 개념은 1980년대 미국의 재정 설계사인 토마스 레오나드 (Tomas Leonard)로부터 시작되었다. 어느 날 토마스는 그의 고객 중 한 사람으로부터 그가 "다른 재무사와는 전혀 다른 스타일로 일을 한다"는 이야기를 듣게 되었다. 그 때부터 그는 자신만의 스타일로서 '코치' 역할을 수행하기 시작하면서 현대적 의미의 코칭이 시작된 계기가 되었다.

이렇게 시작된 코칭은 전 세계적인 불황이 닥쳐왔던 1980년대 후반에 들어서 비즈니스계에 본격적으로 등장했다. 한 예로서, 위기에 빠진 IBM 회사에 제인 크레스웰 (Jane Creswell)을 포함한 동료의 코치들은 그 회사의 경영진들과 면담을 하고 동의를 얻어 간부들부터 코칭하기 시작했으며 그 이후 회사는 놀랄 만한 실적을 거두며 성장을 거듭하게 되었다. 그리고 지금은 약 2천여 명의 코치들이 활동하는 대기업으로 성장하게 되었다. 그 후 코칭의 역사는 지속적인 발전을 거듭하여 1992년에 최초의 코칭 전문 교육 기관인 '코치유'(Coach U)의 설립에 이어 1994년에는 국제코치연맹(ICF)이 시작되었다.

미국에서 시작된 현대적 의미에서의 코칭은 캐나다, 유럽, 호주, 아시아 등지로 확장되면서 그 탁월한 효과를 입증하기 시작했다. 또한 GE와 IBM 등에서 시작된 코칭과 비지니스 리더와의 파트너십은 일본의 자동차 기업인 Nissan 등에까지 확산되었다. 한국의 기업들도 1990년대 말에 생산성 향상 및 인재 육성을 위한 방안으로 코칭을 도입했으며 현재는 대학원에서도 코칭 학과가 개설되고 있다. 이제 코칭은 비즈니스 계열뿐만 아니라 사회의 전반적인 부분에서 그 역할이 증대되고 있는 실정이다.

2 코칭의 정의

　현재 전세계적으로 코칭의 내용적인 발전과 실천적 영역의 확산을 선도하고 있는 단체들을 꼽는다면 ICF (International Coach Federation)을 비롯하여 BCI (Behavioral Coaching Institute), ICC (International Coaching Council) 등을 들수가 있겠다. 캐나다 밴쿠버에 본부를 두고 있는 GCLA (Global Coaching Leadership Association)는 비록 그 출발은 늦었지만 코칭의 학문적 발전과 코칭활동의 저변화, 특히 북미를 포함하여 한국 등을 중심으로 코칭 활동을 통한 글로벌 리더 육성에 관심과 노력을 기울이고 있는 단체이다. 먼저 이들이 말하고 있는 코칭의 정의에 대해 귀를 기울이는 것이 코칭의 이해에 도움이 될 것이다.

BCI

　코칭이란 개인 및 조직의 실제의 가치를 강조함으로써 행위적 측면에서 변화를 강조하여 새로운 비전과 성취 가능한 목표를 세움으로 정서적, 사회적, 지적 및 동기 측면에서 효과적인 결과를 얻게끔 돕는 것을 의미한다.

ICF

　코칭이란 인생, 경력, 비즈니스와 조직에서 뛰어난 결과를 달성할 수 있도록 도와주는 지속적이며 협력적인 관계이다. 코칭 과정을 통해 고객은 배움을 보다 심화시키고, 성과를 향상시키며, 인생의 질을 높일 수 있다.

GCLA

　코칭이란 인식의 측면뿐만 아니라 행위적인 측면에서의 지속적인 변화를 강조하여 피코치를 지지하고 협력하는 관계로서 이 과정을 통하여 피코치의 개인적인 성장 및 문제의 해결을 돕는 창의적인 대화의 과정이다.

3 코칭의 특징

코칭의 특징을 파악하기 위해서는 코칭과 종종 비교되고 있는 상담과 멘토링, 컨설팅과 티칭 그리고 트레이닝과 같은 방법론들과 비교해야 한다. 먼저 체육 분야에서 많이 활용되는 코치와 트레이너의 용어를 정리할 필요가 있을 것이다. 앞에서 언급한 바대로 코치는 마차에서 유래된 용어로서 마차에 탑승하는 고객은 A) 소수이며 B) 마부는 고객의 요구에 따라 목표를 향해 진행하며 C) 이동 경로와 방법은 매우 유동적이고 융통성을 가진다는 특징이 있다. 바로 코칭의 특징을 잘 나타내주고 있다.

반면에 트레이너는 열차(Train)에서 유래된 용어로서 열차는 다수의 고객을 태우고 이미 만들어진 레일(Rail) 위를 달려서 고객들을 목적지에 도달시키는 것이다. 열차의 탑승객들에게는 선택의 여지(Options)가 별로 없으며 열차의 기관사의 역할이 절대적이라고 할 수 있겠다. 요약하자면 코칭은 고객에 대한 맞춤형 서비스이며 대화를 통해서 고객의 목표를 가장 효과적으로 실행하는 프로세싱이며, 이에 반하여 트레이닝은 이미 만들어진 틀(Frame)에 맞추어 훈련을 실시하는 것으로 트레이닝은 코칭에 비하여 상대적으로 대안 모색과 선택의 융통성이 제한되어 있는 정형화된 서비스라고 하겠다.

코칭	트레이닝
개인•소수 탑승 요구에 맞추어 목표까지 도달시킴 (맞춤형 서비스)	다수 탑승 지정된 장소까지 이동시킴 (정형화된 서비스)
고객 주도형	교사 주도형
대안 선택의 융통성 많음	대안 선택의 융통성이 적음

아래는 코칭을 비롯하여 그와 비슷한 여러 방법론들의 특징과 차이점들을 비교한 표이다. 코치들에게는 다양한 방법론들의 장점을 이해하면서 동시에 코칭만의 장점을 강점화하는 노력이 필요할 것이다.

코칭과 다른 방법론의 비교	
코 칭	잠재력을 일깨움으로써 사고와 행동 변화를 주도
상 담	과거의 상처 치유에 중점을 둠
멘토링	멘토의 경험과 지혜의 전달 및 방향을 제시
컨설팅	전문적인 조언와 정보 제공을 통한 방향 설정
티 칭	정보의 제공과 지식의 전달에 초점
트레이닝	반복적인 훈련을 통한 기술의 습득에 집중

특별히 코칭과 상담은 매우 깊은 관계를 맺고 있다고 할 수 있는데, 두 분야가 모두 인간에 대한 이해와 문제 해결이라는 공통적 과제를 가진다는 면에서 그렇다고 하겠다. 그럼에도 불구하고 코칭과 상담의 큰 차이점은, 상담이 과거의 쓴 뿌리를 제거하여 부정적 영향에서 벗어나게 하는 심리적인 치유에 중점을 두고 있는데 반하여, 코칭은 과거보다는 현재의 인식과 행동의 변화에 초점을 맞추고 개인 및 조직을 성장시키는데 그 주안점을 두는 것이라고 보겠다. 특히 현대처럼 사고와 가치의 다양성을 중요시하는 포스트 모더니즘 시대에는 코칭의 접근법이 매우 유용하다고 판단되며 코칭 분야는 앞으로도 급격한 성장을 계속할 것으로 전망된다.

물론 상담 분야가 지금껏 쌓아온 학문적이며 그리고 임상적으로 깊이 있는 이론들과 해결책들은 앞으로도 매우 유용하게 적용될 것이며 주변 학문에 지속적으로 영감을 제공할 것으로 생각된다. 그렇지만 코칭은 코칭만의 새로운 이론들과 문제 해결 방식으로 기존의 상담 서비스를 찾았던 많은 사람들의 문제들을 (어떤 경우에는) 보다 효과적으로 다루어 왔으며 코칭식의 접근 방법이 더 유용한 경우도 많이 나타나고 있는 바, 과거의 이슈나 문제를 해결하려는 지루하고 긴 싸움에 지친 사람들과 동시에 도달하고자 하는 분명한 목표가 있는 사람들에게 보다 효과적인 역할을 수행해 나갈 것이다.

코칭의 위치

코칭과 기타 유사한 문제 해결 방법들과 비교할 때 코칭은 과연 어떤 특징을 가지고 있을까? 아래의 표는 고객의 잠재력 개발 및 적극적 행동을 취하게 하는데 있어서의 의존도의 차이를 보여주는 것으로서 코칭의 위치를 정확하게 보여 주고 있다. 도표는 왼쪽으로 갈수록 높은 의존도를, 오른쪽으로 향할수록 자율성이 높아지는 것을 보여주고 있다.

| 컨설팅 | 티칭 | 멘토링 | 상담 | 코칭 | 명상 |

High Dependence ⟵⟶ Low Dependence

코칭의 시제

일반적으로 코칭은 현재를 중요시하면서도 더욱 적극적으로 미래를 지향하는 적극적인 대화의 과정이다. 그래서 코칭의 과정은 미래지향적인 대화의 스킬로 구성되어 있다. 여기서는 다른 접근 방법들의 특징 및 역할에 대해서도 알아보도록 하겠다.

코 칭	미래지향적	Support
상 담	과거지향적	Help
컨설팅	현재지향적	Guidance + Solution
멘토링	미래지향적	Guidance + Direction

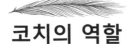

코칭의 7 가지 특징

1. 코칭은 사실 중심으로 이슈에 접근한다.
2. 피코치의 행동 변화 없이는 발전할 수 없다.
3. 코치와 피코치 사이의 신뢰는 코칭의 생명이다.
4. 코치는 철저하게 조연의 역할을 수행해야 한다.
5. 파워풀한 질문을 통한 인식의 변혁이 이루어져야 한다.
6. 목표 달성을 위해서는 피코치의 적극적인 책임이 요구된다.
7. 코치와 피코치의 파트너십이 요구된다.

코치의 역할

1. 피코치의 목적을 명확하게 수립해야 한다.
2. 피코치 스스로 잠재력을 발견할 수 있도록 협력해야 한다.
3. 피코치 스스로 해결책을 찾을 수 있도록 이끌어야 한다.
4. 선택과 행동에 대한 책임감은 피코치의 몫이다.
5. 모든 코칭의 과정은 절대적으로 비밀을 지켜야 한다.

memo

코칭의 대상

1. 자신에게는 문제 해결의 잠재력이 있음을 믿는 사람
2. 인생의 목표와 비전을 품은 사람
3. 목표는 있는데 전략과 해결책이 부족한 사람
4. 인생에서 밸런스를 찾고자 하는 사람
5. 새로운 분야에 처음으로 도전하는 사람

memo

4 코칭의 문화

Build a Coaching Culture in your Home and Organization!

각 나라와 인종 단위의 문화뿐만 아니라 사회의 각 계층과 조직에도 나름대로의 특수한 문화가 존재한다. 그러므로 어떤 조직에서 일을 한다거나 특별한 역할을 수행하고자 할 때에는 그곳의 문화를 이해하는 것이 절대적으로 필요하다. 이를테면 동일한 국가에서 살고 있다고 하더라도 특별한 역할 수행을 위해 조직화된 집단이나 혹은 조직화되지는 않았더라도 추구하는 방향에 따라서 서로 공유하게 되는 고유의 문화가 존재한다. 여가문화, 음주문화, 교육문화, 군대문화, 대학문화, 교통문화 같은 것들이 그것이다. 이러한 문화마다 상이한 언어, 개념, 목표 그리고 정서를 가지고 있다. 또한 모든 리더십이 각각의 특징과 다양한 문화를 가지고 있듯이 코칭의 영역에도 형성되어 있는 고유의 문화가 나타나는데 그것들에 대해 알아보도록 하겠다. 코칭은 예술이라든지 문학 분야처럼 일반적으로 <문화>라는 용어가 사용되는 영역은 아니지만 코칭을 수행하는 이들에게는 공통적으로 인식이 되어 있는 개념이어서 문화라는 용어를 사용하는데 큰 무리는 없을 것 같다.

1. 긍정적인 역할

코치는 긍정적인 역할을 해야 한다. 왜냐하면 그들의 역할은 부정적인 면을 넘어 긍정적인 부분에 초점을 맞추는 것이며 이렇게 함으로써 피코치의 태도에 강력한 효과를 나타내기 때문이다.

2. 관계성의 향상

코칭은 일반적으로 문제를 단독적으로 해결하는 기술이 아니며 피코치의 실천 영역은 사무실만이 아니라 삶의 전 영역을 포함하는 것으로서 부모와 자녀들, 교사와 학생 그리고 코치와 피코치 사이에 훨씬 더 좋은 관계를 가져온다.

3. 성실함과 정직성

코칭은 코치와 피코치 사이의 신뢰를 바탕으로 하는 대화이기에 성실함과 정직성이 깊이 배어 있어야 한다. 이러한 특징들은 코치와 피코치 모두에게 요구되는 덕목이며 지속적이고 성과를 가능케 하는 기본 요소가 된다.

4. 비전 지향적인 삶

개인적인 혹은 조직의 목표를 수행하는데 있어서 반드시 비전과 목적은 필수적이며 이것 없이는 코칭이 진전될 수 없다. 코치와 피코치는 명확한 목표 도출과 달성을 위해 협력한다.

5. 파트너십 대화

코칭이 가지고 있는 다른 문화적 특징은 사회적 지위와 위치와는 상관없이 편안한 대화를 나눌 수 있어야 한다는 것이다. 파트너로서의 대화는 객관적 성찰과 새로운 안목 그리고 창의성 개발에 필수적이다.

6. 조연의 역할

코치는 상대방을 존중하고 이해하기를 멈추지 않아야 한다. 또한 코치는 가르치고 주입하는 사람이 아니며 주인공이 아닌 조연의 역할을 충실히 해내야 한다.

코칭 대화의 특징

1. 코칭은 철저하게 코치와 피코치 간의 신뢰를 바탕으로 하는 대화이다.
2. 코칭은 개인적인 성장을 축으로 하는 대화이다.
3. 경청과 질문 그리고 축하와 격려 등이 잘 구성된 대화이다.
4. 코칭은 경청(70%)과 질문(30%) 이라는 특별한 구조를 가진 대화이다.
5. 코치보다는 피코치가 주도하는 대화이다.
6. 코치는 탁월한 대화를 위해 잘 훈련된 이들이다.
7. 코칭의 주제를 바탕으로 진행되는 대화이다.

건강한 코칭을 위한 가이드
EASY COACHING

EASY COACHING
이지코칭

CHAPTER 2
코칭의 핵심 기술

코칭에서 가장 중요한 핵심 기술에는 경청과 질문 그리고 피드백이 있다.
그 중에서 제일 중요한 경청의 기술은 전 코칭 과정의 토대가 된다.
또한 질문은 코칭의 꽃이라고 할 수 있다. 파워풀한 질문은 피코치의
인식을 바꾸어 주면서 동시에 그가 올바른 행동을 취할 수 있도록 한다.
피드백은 피코치의 행동에 대한 방향을 재정비해 주고
격려와 용기를 통하여 앞에 놓여있는 장애물을 넘어
다시 도약하게끔 하는 힘을 준다.

COACHING SKILLS
코칭의 핵심 기술

CHAPTER 2

코치들은 코칭에 있어서 꼭 필요한 각양의 기술이 있다는 것을 인식해야 하며 이를 위해 훈련을 거듭해야 하는데 그 중에서도 가장 기본적이고 핵심적인 기술은 '경청'이다. 영어권에서는 단순하게 들려 오는 소리를 듣는 것을 히어링(hearing) 이라 부르고 그리고 마음을 기울여서 주목하여 듣는 것을 리스닝(listening) 으로 분류한다. 더 나아가서 상대방의 더 깊은 곳에서 울려 나오는 소리까지도 들을 수 있는 공감적(empathic) 반응이 코칭에서 말하는 '경청'에 가장 가까울 것이다. 이는 상대방을 존중하여 그의 말이나 행동 안에 숨어 있는 의미까지도 들으려고 노력하는 것을 가리킨다. 코칭에서 경청은 대화의 기본이며 코칭의 진정성과 성패를 가늠할 수 있는 척도라고 말할 수 있다. 경청은 대화하는 상대방의 언어, 목소리의 색깔, 바디 랭귀지 그리고 태도에서 나오는 메시지까지도 들을 수 있어야 하기에 고도의 훈련이 필요한 기술이기도 하다.

코칭에 있어서 다음으로 중요시되고 있는 기술은 바로 질문(questions)이다. 일반적으로 상대방에게 던져서 '예' 혹은 '아니오' 라고 단순한 답변을 나오게 하는 질문을 닫힌 질문(closed questions)이라고 하며, 더 깊은 생각을 유도하고 자신을 성찰하면서 논리적으로 설명할 수 있도록 유도하는 질문을 열린 질문(open questions)이라고 한다. 이러한 열린 질문들은 숨어 있는 잠재력을 깨우는 기능을 가지고 있다.

또한 좋은 질문은 답변자로 하여금 스스로 문제를 깊이 생각하게 하고 문제 해결을 모색하는데 있어서 적극적인 태도를 취하게 하는 장점이 있다. 코칭 에서는 흔히 '파워풀한 질문' 이라고 하여 자신이 직면한 문제들에 대해서 피코치가 스스로 해결할 수 있도록 촉매제 같은 역할을 하는 질문의 중요성에 대해서 강조한다. 피코치가 당면하고 있는 문제와 이 문제를 해결할 수 있게 만드는 데 관련된 모든 정보는 피코치 본인만이 가장 잘 알고 있으며 바로 이 점을 일깨우는 것이 강력한 질문이 필요한 이유이기도 하다.

다음으로는 피드백(feedback)을 들 수 있는데 코칭에서 매우 중요한 역할을 하는 요소이며 동시에 기술이기도 하다. 피드백은 다시 긍정적 피드백과 발전적 피드백으로 분류할 수가 있다. 먼저 긍정적 피드백이란 칭찬과 인정을 바탕으로해서 피코치를 격려하는 방법이다. 이는 피코치에게 동기 부여와 자신감을 향상시키는 큰 역할을 한다. 다음으로 발전적 피드백이란, 피코치가 만들어낸 결과를 놓고 이에 대해서 분석하고 평가하는 내용을 포함하는 것을 의미한다. 중요한 점은 비록 피코치의 실천이나 결과가 코치의 마음에 들지 않더라도 부정적인 반응으로서 피코치가 비난 받고 있다는 느낌을 받게 해서는 안된다는 것이다. 그 보다는 오히려 개선점을 발견하게끔 하고 기존의 부정적인 행동이나 사고를 중지시키는데 그 본래의 목적을 두고 있기 때문에 코칭에 있어서 적절한 발전적 피드백 또한 매우 중요한 역할을 한다고 볼 수 있다. 그럼 코칭의 핵심 기술들에 대해 더 자세히 알아보기로 한다.

1 경청 (Empathic Listening)

코칭에서 경청의 목적은 무엇보다도 피코치를 보다 정확하게 이해하고자 하는데 있다. 누구든지 일상적인 대화에서는 제대로 이해하지 못했거나 혹은 간과했던 점이 있을 수 있다는 점에 착안하여, 코칭에서는 피코치가 가지고 있는 생각 뿐만 아니라 현재 처해 있는 상황을 그림처럼 선명하게 보려는 노력이 무엇보다 중요하다.

피코치가 문제나 비전을 가지고 코칭을 시작하는 상황에서 우수한 코치라면 자신의 생각과 감정을 최대한 배제시키고 피코치와의 대화에 집중할 것이다. 그런데 실제 코칭에 있어서는 숙련도가 부족한 코치들이 코칭 대화 과정에서 마음 속으로 다음에 해야 할 질문을 준비하다가 깊이 있는 경청에 실패하는 경우가 종종 발생하곤 한다. 이렇게 경청을 제대로 하지 못하게 되면 피코치의 상태나 문제 해결을 위한 중요한 단서들을 놓칠 뿐만 아니라 이어서 효과적인 질문을 하지 못하며 코칭의 진전이 어렵게 되는 곤경에 처할 수 있다.

경청은 또한 코치와 피코치와의 신뢰 형성에 큰 영향을 미친다. 서로 간에 깊이 있는 진솔한 이야기를 나눌 수가 없다면 두 사람 사이에는 어떠한 책임 감이나 신뢰감이 생겨날 수 없기 때문이다. 피코치가 자신의 말에 귀와 가슴을 열어 경청해주는 참된 코치를 만났다는 생각이 든다면 코치에게 더 깊은 내면의 이야기를 꺼내 놓을 수 있다는 믿음과 함께 코칭 과정에 대한 기대와 신뢰도 한층 깊어질 것이다.

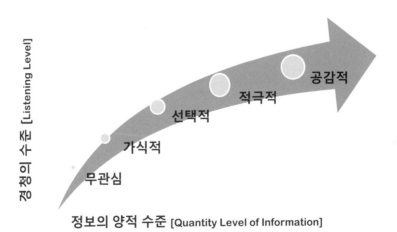

경청의 수준 [Listening Level]

공감적

적극적

선택적

가식적

무관심

정보의 양적 수준 [Quantity Level of Information]

경청의 단계

　귀에 들리는 소리를 듣는 것은 자연스러운 현상이다. 그러나 그것만으로는 상호적 관계가 형성되지 않는다. 코칭에 있어서 경청은 상호적 관계 형성을 전제로 하는 매우 깊이 있는 대화와 문제 해결의 기초가 되는 요소이다. 일반적으로 경청의 단계는 그 수준에 따라서 다음의 5 가지로 분류할 수 있다. 즉 Ignoring, Pretending, Selective, Attentive 그리고 Empathic 단계가 그것이다. 이러한 경청의 단계는 그대로 대화의 수준을 나타내며 코칭의 깊이를 측정할 수 있는 기준이 된다.

경청의 단계	
무관심	대화에 참여하지 않거나 무시하는 상태
가식적	상대방의 이야기를 듣는 척 하는 상태
선택적	관심있는 부분만 선택해서 들음
적극적	시선 맞춤, 참여가 깊어짐, 표정을 읽음, 기록함
공감적	세밀한 경청, 적극적 참여적 반응, 대화를 위한 기록

메시지의 구성

　화자의 메시지는 다층적인 구조를 가지고 있다. 이를 살펴보자면, 먼저 외적으로 표현된 언어와 문장이 있고 메시지가 생겨난 상황이 있음을 알 수가 있다. 또한 선택된 어휘를 통한 욕구의 강도와 미학적 그리고 윤리적 단서들이 있으며 또한 목소리와 바디 랭귀지 등으로 이루어진 심리적 정서적 내용들이 있다. 즉 탁월한 코치란 이러한 복합적인 요소들을 이해하려고 노력하는 사람이며 피코치가 코치에게 전달하고자 하는 진정한 메시지의 본체와 핵심을 정확하게 심층적으로 파악하는 사람이다. 그럼으로써 코칭은 문제 해결에 더 가까이 다가설 수가 있다. 그러므로 경청은 고도의 테크닉이라고 할 수 있다.

	내용	어휘
개인이 전달하고자 하는 메시지		
	문맥, 상황	목소리 & 바디 랭귀지
		아이 콘택트
		외모 및 자세
		제스처 & 표정

공감적 대화

　일반적으로 코칭에서 언급하는 '공감적 대화'란 코치가 피코치와의 만남에서 피코치의 자기 진술을 깊이 있고 세밀하게 경청하면서 동시에 기술적으로 적절하게 반응하는 대화를 가리킨다. 이때 코치와 피코치는 동일화의 상태를 경험하게 된다. 동일화란 코치가 어디까지나 자기 정체성을 유지하면서도 피코치의 니드와 곤란, 슬픔이나 기쁨 등을 함께 느끼는 것을 의미한다. 이런 과정의 목적은 코치가 피코치로 하여금 자신이 진술한 내용에 대해 다시 한번 깊이 있게 성찰하도록 돕기 위한 것이다. 여기서 중요한 것은 코치가 대화의 내용을 완전하게 이해하고 대화의 목적을 파악하는 능력이다.

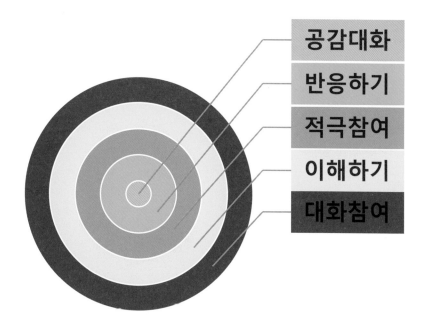

　<동일화>란 용어는 주로 공격과 방어를 위해 자신을 외부의 어떤 사람 (주로 강자로 인식되거나 자기보다 앞선 사람)과 동격으로 여기는 심리상태를 설명하는데 사용되곤 한다. 그러나 여기서는 코치와 피코치간에 이루어지는 깊은 수준의 대화에서 나타나는 현상을 설명하는데 쓰였다. 가장 깊은 수준의 대화는 도표에서 보는 바와 같이 <공감적 대화>이다.

공감적 대화의 단계

1단계: 상대방의 표현에 비해 훨씬 미치지 못하는 감정 및 의사소통

2단계: 반응은 하지만 상대방이 전혀 공감을 하지 못하는 의사소통

3단계: 상대방과 비슷한 수준에서 메시지를 주고 받는 의사소통

4단계: 상대방을 깊이 이해하고 적극적으로 대화에 참여하는 의사소통

5단계: 메시지의 내면적 의미를 정확하게 나누고 몰입하는 의사소통

공감적 대화의 연습

아래의 3 가지 사례를 통하여 '공감적 대화의 5 단계' 대화를 연습해 보자.
예를 들면, 1 번에서 엄마의 반응은 1 단계에 해당한다. 모두 당사자가 되어
본인의 반응을 기록해보고 전체 단계에서 어디에 해당하는지를
진단해봄으로 대화의 수준을 높일 수가 있을 것이다.

1. 중학교에 다니는 아들의 방문을 노크도 없이 열었던
   상황에서 서로 말다툼을 하는 아들과 엄마의 대화를
   [1~5 단계]로 표현해 보자.

   [예] "엄마가 네 방에도 맘대로 못 들어가?
   조그마한 게 무슨 비밀은?" [1단계]

2. 밤늦게 퇴근한 남편에 대한 부인의 반응을 [1~5 단계]로 표현해 보자.

3. 프레젠테이션 준비를 제대로 하지 못해 고객 설명회를 망쳤던 김대리를
   불러 자초지종을 묻는 최부장의 대화를 [1~5 단계]로 표현해 보자.

당신은 코치형 리더인가?

당신은 자신이 속한 조직에서 어떠한 리더로 인식되고 있다고 생각하는가?
또한 장차 어떤 유형의 리더로 자리매김하고 싶은가? 만일 당신이 계획과
목표를 세우는데 유능하다면 당신은 매니저형 리더에 가까울 것이다. 또한
조직을 통제하고 관리하는데 탁월하다면 당신은 아마도 보스형 리더로서
업무에 대해 지시를 내리고 감독하기를 즐겨하며 그것이 리더의 역할이라고
생각하는 스타일일 것이다. 직원들에게 동기를 부여하고 자발적으로 자신의
역할을 수행하도록 촉진활동을 하는데 능하며 이렇게 하여 성과를 일으키는
유형이라면 당신이야말로 바로 '코치형 리더'라고 부를 수 있을 것이다.

이러한 '코치형 리더'는 현대의 경영과 교육 그리고 문화적 환경에서 개인의
자율성과 개성을 존중하고 능력을 책임성을 극대화하여 최대의 결과를 가져
오기에 현재의 모든 조직에 매우 적합한 스타일의 리더임에 틀림없다.

33

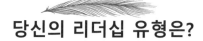

당신의 리더십 유형은?

점수 산정한 뒤 (1~5 점) 높을수록 코치형, 점수가 낮을수록 보스형

1. 팀원들의 의견을 수렴하여 의사 결정을 한다.
2. 팀원들과 비전과 목표를 공유한다.
3. 팀원들에게 지시하기보다는 질문을 더 많이 한다.
4. 팀원의 실수도 때로는 책임질 수 있다.
5. 시간이 날 때마다 자연스럽게 팀원들과 대화를 나눈다.
6. 논쟁보다는 협상하는 것에 익숙하다.
7. 질문을 던지는 것에 익숙하고 주로 듣는 편이다.
8. 질책보다는 격려를 더 많이 하는 편이다.
9. 대체로 팀원들은 오랫동안 함께 일을 한다.
10. 문제가 발생했을 때 해답을 주는 편은 아니다.

Coaching Chef's Time

Boss Vs Coach

당신은 조직 내에서 보스의 역할을 하고 있는가 아니면 코치의 역할을 하고 있는가? 아래의 20 문항의 진단표에 답하고 5 가지 유형 혹은 등급 (5 scales rating)으로 구성된 아래의 표에 해당되는 곳에 체크하여 보기 바란다. 이렇게 함으로써 앞으로 자신의 성향을 보다 더 코칭스타일에 알맞게 계발시켜 나갈 수가 있을 것이다. 여기서는 점수가 낮을수록 코치형이다. (1: 전혀 그렇지 않다 2: 그렇지 않다 3: 보통이다 4: 그렇다 5: 전적으로 그렇다)

1	2	3	4	5
Strongly Disagree	Disagree	Neutral	Agree	Strongly Agree

Questions about Boss Vs Coach	1	2	3	4	5
1. 직원들에게 종료 시간에 맞추어 일을 끝내라고 재촉한다.					
2. 주로 지시하고 전달 사항을 내려 준다.					
3. 직원들과 이야기를 별로 나누지 않는다.					
4. 결정을 내린 사항에 대해서 깊이 관여한다.					
5. 대답을 이미 알고 있다.					
6. 순응시키도록 때로는 압력을 가하기도 한다.					
7. 문제 해결에 직접 나선다.					
8. 잘못된 것은 곧바로 지적한다.					
9. 모든 일에 대해서 책임감을 강하게 가지고 있다.					
10. 모든 일의 과정을 직접 운영한다.					
11. 어떤 일이든지 올바르게 하려고 한다.					
12. 직원들의 아이디어나 의견을 수렴하지 않는다.					
13. 직원들에게 권한을 위임하지 않는다.					
14. 직원들의 출근과 결근에 매우 민감하다.					
15. 직원들보다 더 많이 알고 있어야 한다.					
16. 상벌 제도를 좋아한다.					
17. 과정보다는 결과에 더 책임을 지려고 한다.					
18. 관계적인 면에서 파워를 더 갖는 편이다.					
19. 내적인 면보다는 외적인 면에 더 많은 판단 기준을 둔다.					
20. 상관에게 자주 보고하는 편이다.					

2 질문 (Questions)

코칭 기술의 핵심은 강력한 질문(powerful questions)에 있다고 해도 과언이 아닐 것이다. 그만큼 질문이 코칭 대화에서 차지하는 비중은 크다. 흔히 '좋은 질문은 좋은 대답을 가져온다' 라고 말하고 있다. 각 분야의 탁월한 성과를 이룬 리더들을 보면 한결같이 좋은 질문에서 위대한 첫걸음을 시작하곤 하였다. 이렇게 질문은 매우 중요한 의미를 가지며 코칭의 수행에 있어서도 여러 가지 장점을 발휘한다.

질문은 상대방으로 하여금 주제에 집중하게 하고 대화에의 적극적 참여를 유도한다. 이런 점에서 질문은 피코치의 능력을 강화시킨다. 곧 단순하게 혹은 피상적으로 알고 있는 것에 대해서 코치가 다양한 관점을 가지고 의도적인 질문을 던질 때 피코치는 자신의 상황에 대해 일목요연하게 논리적이고 합리적으로 설명하려고 노력하게 된다. 이런 과정에서 피코치가 자신이 의식하지 않은 가운데서도 어느 틈엔가 스스로 답을 찾을 수 있는 능력을 강화할 수 있다는 점에서 매우 효과적이라고 말할 수 있다. 이런 점에서 코칭에서의 코치의 역할은 가르치는 자가 아니라 함께 탐색하는 동료이며 주연이 아니라 조연의 역할을 수행하는 것이다.

좋은 질문이 지니는 정말 중요한 장점은 멘토링이나 그 밖의 방식과는 달리 피코치가 더 이상 다른 사람에게 의존할 필요가 없게 된다는 점이다. 피코치가 코칭을 통해서 얻게 된 최대의 수확이라고 한다면 이제는 자신의 문제를 더 잘 이해하게 되었고 책임감을 가지고 스스로 해결할 수 있게 되었다는 것이다. 곧 피코치가 잃어버렸던 자신의 문제와 현실에 대한 주도권을 되찾게 된 것이다. 다시 말하면 좋은 질문을 통해서 피코치 자신 안에 잠재되어 있던 성찰과 해결의 능력을 발견하게 된 피코치가 자신의 가치를 발견하고 긍정하게 되어 앞으로 더욱 더 자발적이고 능동적인 삶을 살아가게 되었다는 점일 것이다.

또한 이러한 방식으로 코치와 피코치 사이에는 진정한 인간적 신뢰감이 쌓이게 되는 것이다. 코칭이란 피코치의 잠재력과 가능성에 초점을 두고 이를 계발하는데 집중함으로써 이제까지의 어떠한 것보다 피코치의 정체성과 자율성을 존중하는 유형의 방식이라고 할 수 있을 것이다.

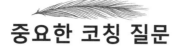

중요한 코칭 질문

1. 당신이 정말로 원하는 변화는 무엇입니까?
2. 무엇이 당신에게 중요합니까?
3. 무엇을 할 수 있겠습니까?
4. 그 밖에 또 가능한 게 있다면 무엇일까요?
5. 그것이 가능하다는 것을 어떻게 알 수 있습니까?
6. 지금 도움을 줄 수 있는 사람은 누구입니까?
7. 그것을 실행한다면 어떻게 알 수 있나요?

　세계적인 협상가인 스튜어드 다이아몬드(Stuart Diamond)는 "커뮤니케이션 실패의 가장 큰 원인은 바로 자기 중심성에 있다"고 했다. 곧 의사소통에서 일어나는 대부분의 실패는 상대방보다는 자기에게만 집중하는 이기심이 그 원인이라고 할 수 있다. 커뮤니케이션에 있어서 중요한 부분은 메시지를 이루는 단어들보다 정서적인 교감과 상호적인 의사소통 노력에 있다고 할 수 있다. 그런 면에서 저명한 경영학자인 피터 드러커(Peter Drucker)는 "무엇을 이야기 했느냐가 중요한 것이 아니라, 말한 것에 대해서 상대방이 어떻게 알아들었느냐가 더 중요하다"고 가리킨 것이다.

　미국 UCLA 대학의 알버트 멜라비안 (Albert Mehrabian)의 견해에 따르면 일반적인 커뮤니케이션에 있어서 말의 내용(7%) 보다는 목소리(38%)와 보디 랭귀지(55%)가 더욱 중요한 역할을 한다고 강조하였다.

　그러므로 조직의 리더들은 자신의 의사소통 능력을 다시 돌아보아야 한다. 리더의 언어 능력에 따라서 직원들과의 효과적인 소통은 물론이고 조직의 성장마저 좌우되기 때문이다. 또한 대화에 있어서 무엇보다 중요한 것은 질문의 의도와 시점 등인데 코칭 리더십에서의 질문은 상대방의 잠재력을 일깨워주고 가능성을 발견하게 하는데 역점을 둔다는 점에서 매우 긍정적인 역할을 한다고 하겠다. 질문의 성격을 상호성과 배려 또는 상대방의 가능성에 둔다면 전체적인 대화는 매우 활기차며 깊은 신뢰를 형성해 나가게 될 것임에 틀림없을 것이다.

Chef's recipe

코칭의 질문
1. 잠재력을 깨워주고
2. 가능성을 발견케 하며
3. 격려와 응원의 메시지

코칭식 질문

코칭식 질문의 유형	
열린형 질문	지금과 다르게 할 수 있다면 어떤 점이 다를까요?
긍정형 질문	중간 목표를 성취할 수 있는 방법은?
미래형 질문	3 년 뒤에는 어떠한 모습일까요?
가능성 질문	어떻게 하면 지금의 상황에서 벗어날 수 있을까요?
상황적 질문	현재의 형편에 대해서 좀 더 자세히 말해 주시죠?

다양한 질문 유형

해결책 질문 [문제 및 갈등 해결을 위한]
Q1. 이 상황하에서 어떠한 가치를 가장 우선시하겠습니까?
Q2. 이와 같은 상황에서 얻을 수 있는 유익이 있다면 무엇입니까?

캐릭터 질문 [성품과 관련된 질문]
Q1. 당신의 성격이 당신의 부름(calling)에 어떤 영향을 미치고 있는가?
Q2. 당신의 성품이 당신의 공동체에 어떤 영향을 미치고 있다고 보는가?

책임감 질문 [피코치에게 책임의식을 갖도록]
Q1. 만일 당신이 그 상황에 있다면 어떻게 처리하시겠습니까?
Q2. 이 상황에서 찾아볼 수 있는 당신의 위치는 무엇입니까?

선택적 질문 [자신의 입장에서 바라보는 질문]
Q1. 지금의 결정에 대해서 10년 뒤 돌아볼 때 어떨 것 같습니까?
Q2. 그러한 선택을 했을 때 어떠한 결과를 기대하십니까?

확인형 질문 [다시 확인하는 질문]
Q1. 본인이 계속 발전하고 있다고 어떻게 확신하십니까?
Q2. 긍정적인 결과를 얻을 수 있다고 어떻게 확신하십니까?

What 질문 [단순하게 '무엇'에 관한 질문]
Q1. 변화하려면 무엇이 요구되는지요?
Q2. 지금의 코칭에서 다음 단계는 무엇이 될까요?

How 질문 [방법을 구하는 질문]
Q1. 지금의 상황에서 어떻게 벗어날 수 있을까요?
Q2. 거기까지 어떻게 도달할 수 있다고 생각하시나요?

수치화 질문 [수치를 이용한 질문]
Q1. 원하시는 모습을 상상할 때 점수를 준다면 현재 상황은 얼마나 될까요?
Q2. 10점이 된다면 현재의 상황에 비해 확실히 뭐가 좋아지나요?

은유적 질문 [비유법 표현을 이용한 질문]
Q1. 그 지옥같은 신혼을 천국처럼 바꾼다면 무엇이 필요할까요?
Q2. 지금의 상황이 고래 싸움에 새우 등 터지는 형국이라고 말할 수 있나요?

직관적 질문 [코치의 직관에 기초한 질문]
Q1. '신뢰와 사랑'은 '외모'와는 관련 없는 것 같은데.. 어떻게 생각하세요?
Q2. 결국은 말썽쟁이 아이들을 미워할 수 없다는 뜻이네요.

호기심 질문 [호기심을 유발시키는 질문]
Q1. 초고층 빌딩을 보면 가장 먼저 무슨 생각이 떠오르세요?
Q2. 그럼 비행기에서 내려다보는 모습은 어떨까요?

코칭의 3 대 질문법

코치가 하는 일은 무엇인가? 여러 가지가 있지만 그 가운데서도
피코치에게 파워풀한 질문을 던지는 것이다. 질문은 때로는 거울처럼,
때로는 확대경처럼, 때로는 스포트라이트처럼 피코치를 비추게 된다.
이를 통해서 피코치는 자신과 현실을 더 자세히 응시할 수 있게 된다.
이처럼 코치란 피코치의 '생각을 자극하는 자' 라고 한 마디로 말할 수 있겠다.
그러므로 절대로 깊이 생각하지 않고 단순하게 대답할 수 있는 질문을
던져서는 안된다. 여기에 3 가지의 중요한 질문 방법을 제시한다.

1. 오픈형 질문법 [사고의 틀을 바꿔주는 가장 강력한 질문]

Q1. 미팅에 참석하는 것이 어떠한 의미가 있습니까?
Q2. 지금과 같은 상황이 계속된다면 어떠한 일이 발생할까요?
Q3. 지금의 생활 패턴이 가져올 긍정적인 효과는 무엇이 있을까요?
Q4. 고객이 가장 원하는 것이 무엇이라고 생각하십니까?
Q5. 무엇이 그렇게 결정하게끔 만들었나요?

2. 가치관 질문법 [삶의 핵심과 관련된 질문]

Q1. 인생에서 자신에게 가장 중요한 것은 무엇인가요?
Q2. 절대 변하지 않을 삶의 목표가 있다면 그것은 무엇입니까?
Q3. 사랑하는 사람과 제일 먼저 하고 싶은 것이 있다면 무엇입니까?
Q4. 인생에서 꼭 하고 싶은 것 3 가지는 무엇입니까?
Q5. 자신을 더욱 현명하게 만드는 것이 있다면 그것들은 무엇인가요?

3. 미래형 질문법 [진취적인 에너지를 줄 수 있는 미래형 질문]

Q1. 앞으로 어떤 일이 일어날 수 있을까요?
Q2. 현재의 상황에서 볼 때, 향후 어떠한 단계를 거쳐야 한다고 생각하시나요?
Q3. 다음 단계에서 할 수 있는 방법은 무엇인가요?
Q4. 5 년 뒤의 모습을 상상할 때 가장 크게 달라진 점은 무엇일까요?
Q5. 어떠한 방법으로 접근할 때 가장 큰 효과를 가져올 수 있을까요?

③ 피드백 (Feedback)

피드백 또한 코칭에서 빼놓을 수 없는 매우 중요한 기술이다. 일반적으로 직원들이 피드백을 받지 못하면 무능해지고 리더들이 피드백을 제대로 받지 못하면 독재자가 될 가능성이 커진다. 그러므로 시기 적절한 피드백은 리더와 일반 직원들 모두에게 매우 필요하고 중요한 요소라고 할 수 있다.

그렇다면 긍정적이고 발전적인 피드백의 핵심 요소는 무엇일까? 아마도 분명히 '칭찬'과 '인정'이 피드백의 출발이라고 할 수 있을 것이다. 그만큼 피드백에 있어서 '칭찬'과 '인정'은 중요한 요소이다. 피코치는 언제나 격려 받아야 하고 강력한 성취 의식으로 채워져야 한다. 하지만 피드백 역시 상황에 따라서 적절하게 적용이 되어야 할 것이다. 이것을 '상황적 피드백' 이라고 하며 긍정적인 상황과 부정적인 상황하에서 다르게 진행이 되어야 한다.

상황적 피드백 (Situation Feedback)	
긍정적 상황	참으로 수고하셨습니다. 어떤 점이 성공할 수 있는 중요한 원동력이었습니까? 무엇이 그것을 가능하게 했나요? 더 좋은 결과를 얻게 된 방법이 있었는지요? 어떻게 제가 도울 수 있을까요?
부정적 상황	좋지 않은 결과를 해결할 수 있는 방법은요? 이 결과가 조직에게 끼칠 영향은 무엇인가요? 빠르게 마이너스 성장을 막을 방법은 있나요? 어떻게 하면 더 잘 할 수 있을까요? 다음에 실패하지 않을 방법이 있다면 무엇일까요?

WHW 피드백

피드백의 궁극적인 목적은 무엇일까? 그것은 '피코치가 정했던 목표와 현재의 수행 위치 사이에 발생한 차이를 줄이는 것'이라고 할 수 있다. 현실에 있어서는 객관성을, 심리적인 면에서는 안정감을 그리고 목표의 성취를 위한 대안 모색 및 도전정신을 고취하는 것이 피드백의 목적이다. 효과적인 피드백을 위해서는 'WHW' 피드백 기술, 즉 'Where'와 'How' 그리고 'Where'의 질문이 적절하게 사용되어 한다.

Where : 지금 진전되고 있는 과정은 어디쯤에 와 있습니까?
How : 현재의 상황이 어떻게 진행되고 있습니까?
Where : 다음에는 어느 방향으로 진행하고자 하십니까?

피드백의 기술

AGREE
- 칭찬
- 격려

CHECK
- 상황
- 방향

TRUST
- 신뢰
- 지지

[AGREE] 시기 적절한 칭찬과 격려
[CHECK] 객관적인 상황 파악과 건설적인 방향 설정
[TRUST] 신뢰를 바탕으로 하는 지지

What is Coaching?

코칭은 가르치기 보다는 배우는 과정입니다.
개인 스스로가 자신의 인생에 있어서
최고의 전문가임에 틀림 없습니다.

코칭은 오랫동안 쌓아 온
행동 및 사고의 패턴을 모두 인식하고 있으며
그 가운데서 개인들이 변화되고 성장할 수 있도록 섬깁니다.

비록 경청, 질문, 제한된 충고 등
다양한 대화의 테크닉이 사용되었을 지라도
오히려 코칭의 특징은 미래 지향적이고 행동지향적 입니다.

이러한 변화를 이끌어 내는 과정에서
개인의 능력을 넘어선 곳까지 인도할 것이지만
늘 협력의 자세를 유지할 것입니다.
물론 결정하고 행동을 취한 책임감은 늘 코칭을 받는 피코치의 몫입니다.

EASY COACHING
이지코칭

CHAPTER 3
코칭의 모델

GROW 모델은 코칭의 가장 핵심적인 내용을 있는 그대로 잘 보여주고 있다.
총 4 단계로 구성되어 있는 이 코칭 모델은 곧 Goal (목표 설정),
Reality (현실 파악), Option (대안 선택) 및 Will (실행 의지)를 가리키는데
각 단계에서 강력하고 유용한 질문들을 효과적으로 사용함으로써
더욱 역동적인 프로세스를 만들어갈 수가 있다.

COACHING MODELS
코칭의 모델

CHAPTER 3

코칭은 일반적으로 과거지향적인 모습 좀 더 분명하게 말하자면 과거 해결적인 경향을 보이는 상담과는 많이 다르다. 과거의 문제를 해결하는 것은 매우 어려운 일로서 많은 에너지와 시간이 필요하다. 또한 과거의 문제로부터 벗어난다고 해서 오늘이나 내일이 달라진다고 장담할 수도 없다. 코칭은 과거를 전혀 문제삼지 않거나 도외시하지는 않지만 피코치의 니드와 비전에 초점을 맞추고 그에게 내재된 잠재력을 깨워 현재보다 더 나은 미래를 향하여 나아갈 수 있도록 서포트하는 프로세스로서 미래지향적이고 긍정적이라는 데서 그 특징을 찾을 수가 있다.

불확실성의 시대를 살아가고 있는 현대인들에게 코칭은 점점 더 중요도를 가질 수 밖에 없을 것이다. 사람들은 성공적인 삶을 원하지만 경쟁은 더 치열해지고 변화의 속도는 눈부시기 때문에 자기를 잃어버리지 않고 성공도 움켜잡아야 하는 환경 속에서 신뢰할 만한 친구를 찾을 수 밖에 없기 때문이다. 코칭은 이러한 현대인들의 요구에 부응할 수 있는 최적의 프로세스인 것이다.

여기서는 코칭을 배우고 적용하고자 하는 학습자들에게 적절한 모델이 될 수 있는 방법을 소개하고자 한다. 먼저 언급할 'GROW 모델'은 목표, 현실, 대안 그리고 실행의 첫 글자를 따서 지은 명칭이다.

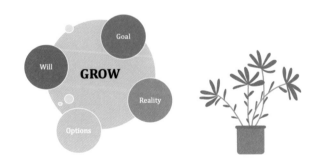

GROW Model

GROW 코칭 모델은 코칭의 가장 핵심적인 내용을 있는 그대로 잘 보여주고 있다. 총 4 단계로 구성되어 있는 이 코칭 모델은 곧 Goal (목표 설정) - Reality (현실 파악) - Option (대안 선택) - Will (실행 의지)를 가리키는데 각 단계에서 강력하고 유용한 질문들을 효과적으로 사용함으로써 역동적인 프로세스를 만들어 갈 수가 있다.

GOAL [목표 설정]

첫번째 단계는 Goal (목표 설정) 단계인데 코칭에 있어서 '목표 설정'은 구체적이고 명료해야 한다. 목표에는 '희망 목표'와 '절대 목표'가 있는데 이를 설명하자면, 전자는 이루어진다면 좋지만 그렇지 않더라도 수긍할 만한 목표이다. 이에 반해 '절대 목표'는 어떤 경우에도 꼭 이루어야 할 목표이다. 코칭에 있어서 모든 목표가 절대 목표일 수는 없지만 그러나 적어도 코칭 단계에서 목표를 설정할 때에는 피코치로 하여금 목표에 대한 분명한 책임감과 성실성을 가질 수 있도록 이끌어야 한다. 그래야만 목표 달성이 보다 더 용이하기 때문이다. 이때 사용될 수 있는 효과적인 코칭 질문은 다음과 같다.

1. 오늘은 무엇에 대해 이야기를 나누고자 하십니까?
2. 성취하고자 하는 목표는 무엇입니까?
3. 목표를 이루고자 하는 특별한 이유는 무엇입니까?
4. 이번 코칭 세션을 통해 기대가 있으시다면, 그것은 무엇일까요?
5. 지금 이루어지길 원하는 것이 있다면, 그것이 무엇일까요?

6. 궁극적으로 성취하고자 하는 것이 있다면 무엇일까요?
7. 언제까지 그 목표를 이루고자 하십니까?
8. 그 목표가 현실적인지요?
9. 그 목표는 도전적이며 성취가 가능한 것인지요?
10. 그 목표가 당신에게 얼마나 큰 가치가 있는지요?

GROW [모델의 두 축]

피코치가 도달하고자 하는 목표(Goal)와 현재 처하고 있는 현실(Reality) 사이에는 눈에 보이는 차이(GAP)가 있다. '어떻게 하면 이 차이를 극복할 수 있는가?' 하는 것이 GROW 코칭 모델에서의 첫 번째 수행 과제가 된다. 그것은 기술적인 것일 수도 있고 심리적인 문제일 수도 있다. 그 다음에는 방법을 실행하려고 할 때의 현실적 난관이 존재한다. 그러므로 두 번째 과제는 전략과 방법을 적용하는데 있어서의 장애물을 극복하는 것이 된다.

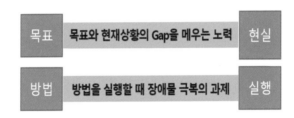

REALITY [현실 파악]

GROW 코칭의 두 번째 단계는 '현실 파악' 단계로서 현재의 상황을 점검하고 장애물이 무엇인지를 파악하는 과정이다. 이 단계를 간과하게 되면 목표와 현실 사이의 격차를 제대로 파악하지 못하고 이를 해소할 방안을 마련하지 못하게 되며 결국 목표는 단지 공상에 불과하게 될 것이다.

1. 그렇다면 현재의 상황에 대해서 설명해 주시겠습니까?
2. 지금 어떠한 상황에 있는지요? (가능하면 구체적으로)
3. 지금까지 해결되지 않은 것이 있다면, 그것은 무엇입니까?
4. 무엇을 가장 두려워하십니까?
5. 지금 설명하시는 것이 정확한지 어떻게 알 수 있을까요?

6. 어떤 다른 요소들이 관련되어 있는지요?
7. 혹시 어느 분이 (직접적으로 혹은 간접적으로) 관련되어 있는지요?
8. 상황이 잘못되는 방향으로 흐른다면 어떠한 일이 발생하는지요?
9. 지금까지 이 상황을 해결하기 위해 어떠한 시도를 해보셨는지요?
10. 이 상황에서 혹시 놓친 것이 있다면 그것은 무엇일까요?

OPTION [대안 선택]

Option (대안 선택)의 단계에서는 조성된 상황을 바꾸고 더 나은 곳으로 이동하기 위한 방법들을 선택해야 한다. 그러나 앞으로 나아가려는 고객에게는 반드시 이를 가로막는 방해 요소들이 나타나게 된다. 그러므로 이러한 장애물들을 제거할 수 있는 방법들 또한 찾아내야 할 것이다. 다음은 이 단계에서 사용할 수 있는 유용한 질문들이다.

1. 목표를 이루기 위한 방법에는 어떠한 것들이 있을까요?
2. 현재의 상황에서 시도해 보지 않은 방법들은 무엇인가요?
3. 시도해 보지 않은 방법 중에서 가능성이 높은 대안은 무엇일까요?
4. 또 다른 선택할 수 있는 방법이 있다면?
5. 그 방법을 사용할 수 있는 제일 좋은 시기는 언제일까요?

6. 예상되는 장애물은 무엇입니까?
7. 어떻게 그 장애물을 제거할 수 있을까요?
8. 현재의 상황을 변화시킬 수 있는 것은 무엇입니까?
9. 그 밖에 또 무슨 방법을 찾을 수 있습니까?
10. 지금까지의 방법들 중에서 가장 가능성이 있는 것은 무엇일까요?

memo

WILL [실행 의지]

GROW 모델의 마지막 단계인 WILL (실행 의지)의 단계에서는 목표를 성취하기 위해 선택된 방법을 가지고 실행으로 옮기기 전에 다시 한번 피코치의 의지를 확인하고 에너지를 불어넣어 주는 단계이다. 이 단계에서 사용할 수 있는 코칭 질문들은 아래와 같다.

1. 어떠한 대안들을 선택하셨는지요?
2. 지금까지 나온 대안들 중에서 어느 것을 가장 먼저 시도하겠습니까?
3. 이 방법이 어느 정도 목표를 성취해낼 수 있을 것 같습니까?
4. 정확하게 언제 이 방법을 실행하고 끝내려고 하시나요?
5. 실행하는 과정에서 발생할 수 있는 장애물이 있다면 무엇일까요?

6. 그러한 장애물을 제거하기 위해서 무엇을 하실 것입니까?
7. 무엇을 언제부터, 어디서, 어떻게 하고자 하십니까?
8. 제가 당신을 위해 도울 수 있는 것이 있는지요?
9. 지금의 시점에서 변화시켜야 할 것이 있다면 무엇인가요?
10. 다음 코칭 세션에서 나눌 것은 무엇인가요?

memo

2 3 STEPS Model

코칭의 프로세스 과정을 농작물의 수확 과정에 비유한 3 STEPS 모델은 단계별 즉 '씨뿌리기' '경작하기' 그리고 '추수하기' 라는 단계로 구분되기에 'Harvest Coaching Model' 로도 불린다. 각각의 단계에서는 자체의 프로세스가 있는데, 첫 번째 Sow [씨뿌리기] 단계에서는 신뢰쌓기, 목표설정 및 현실파악, 두 번째 Cultivate [경작하기] 단계에서는 계획세우기, 실행하기 및 장애물 제거 그리고 마지막 Harvest [추수하기] 단계에서는 나눔, 평가 그리고 피드백 등 3 가지 프로세스로 구성되어 있다.

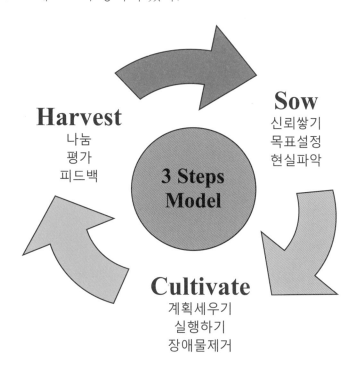

위의 3 STEPS Coaching Model 에서는 선형 프로세스로 순차적으로 진행되는 것처럼 설명되어 있지만, 코치는 피코치의 필요에 따라 프로세스의 순서를 수정할 수 있다. 탁월한 코치의 능력은 피코치를 자신의 요구에 가장 잘 부합하는 스테이지로 데려갈 수 있을 만큼 유연해야 하며 또한 가장 효과적인 결과를 위해서는 최적의 타이밍에 파워풀한 질문을 선택해야 한다.

51

The First Step: Sow

SOW [씨뿌리기]	
신뢰 쌓기	코치와 피코치 사이의 관계 형성
목표 설정	코칭의 목표를 구체적으로 세우기
현실 파악	현재의 상황에 대해서 정확하게 정리하기

　3 STEPS 코칭 모델의 첫 번째 단계 SOW [씨뿌리기]는 전체의 코칭 대화가 시작되는 시점이다. 코치는 피코치가 이 과정에 대해 깊은 이해와 함께 신뢰를 가지고 따를 수 있도록 도와주어야 한다. 또한 피코치의 내면에 이미 타당한 목표나 계획이 내재되어 있다는 것을 깨닫도록 도와주어야 한다. 동시에 코치는 그러한 목표나 계획이 코칭 과정에서 발견되는 더 좋은 것으로 바뀔 수도 있다는 자세를 갖고 있어야 한다.

　아무튼 이 첫 번째 단계에서는 피코치의 목표를 파악하고 발견하는 것에 집중해야 한다. 이렇게 하여 이루어지는 목표 설정은 코칭 세션에서 간단하고 측정 가능하며 접근 가능해야 할 것이다. 도달할 수 없는 너무나 이상적이고 과도한 목표를 설정하게 되면 목표를 향해 나아가다 큰 장애물이나 변수들을 만날 수 있기 때문에 코치는 피코치의 구체적인 목표를 지속적으로 확인하고 추적하면서 코칭을 진행해야 한다.

　이 과정에서 목표가 피코치에게 있어서 최선이며 궁극적인 이익에 부합하는지를 확인하기 위해 구체적인 질문을 해야 하는 것이 코치의 책임이다. 물론 코치는 피코치에게 있어서 그들이 잠재력을 가지고 있음과 현재의 상황에 변화를 줄 수 있음을 스스로 자각할 수 있도록 끊임 없는 노력을 기울여야 할 것이다.

Sow Questions

이 단계에서 코치가 물을 수 있는 질문은 다음과 같다.

1. 어떠한 주제에 대해서 이야기하고 싶습니까?
2. 당신이 코칭을 신청한 동기는 무엇입니까?
3. 코칭 세션에서 가장 중요시하는 핵심 가치는 무엇입니까?
4. 어떻게 목표를 측정 가능하게 만들 수 있습니까?
5. 이 분야에서 일한 결과를 어떻게 설명하시겠습니까?

6. 목표를 성취한 뒤에는 무엇이 달라지기를 원합니까?
7. 그 목표가 언제 그리고 어떻게 달성되기를 원합니까?
8. 현재의 상황에 대해서 언급하실 때 혹시 놓친 부분이 있다면 무엇입니까?
9. 지금과 목표가 성취된 이후에 가장 큰 변화는 무엇일까요?
10. 충분한 시간과 재정이 주어진다면 어떠한 변화를 추구하시겠습니까?

첫 단계에서 피코치가 코치와 함께 일하는 것이 좋겠다고 확신하면, 그들은 다음 행동으로 나아가고 싶어한다. 그러나 코치와 피코치가 선택한 측정 가능하고 명확한 목표 없이는 잘못된 방향으로 나아가거나 프로세스 진전 자체가 이루어지기 어려우므로 늘 목표 설정에 주의해야 한다.

그럼, 이 첫 번째 과정의 핵심은 무엇인가?

1. 서로 '신뢰'의 관계를 위한 기반을 구축하는 것
2. 피코치의 말에 신중하게 귀를 기울이는 것
3. 피코치의 코칭 동기와 그가 원하는 핵심 가치를 발견케 하는 것
4. 피코치와 측정 가능한 개인적 목표를 수립하는 것

The Second Step: Cultivate

CULTIVATE [경작하기]	
계획 세우기	심층 대화를 통한 대안 선택하기
실행하기	강점을 이해하고 선택한 행동을 실행하기
장애물 제거	실행 과정에서 발생 가능한 장애물 제거하기

3 STEPS 코칭 모델의 두 번째 단계는 경작하기(Cultivate) 단계이다. 여기에는 '계획 세우기', '실행하기' 그리고 '장애물 제거' 라는 세 가지 프로세스가 포함되며, 코치는 주제에 대한 가장 적절한 그림을 얻기 위해 구체적인 예를 제시할 수 있다. 또한 코치는 모든 발생 가능한 일의 목록을 작성하고 효과적인 질문을 함으로써 피코치가 올바른 선택을 하도록 안내해야 한다.

전략의 현실성과 구체성을 평가하는 '계획하기' 즉 Planning 단계에서는 코치와 피코치의 심층 토론이 포함될 것이다. 이 단계가 앞에서의 '목표 설정'과 구분되는 것은 앞의 것은 코칭 자체의 목표이며 여기에서의 '계획 세우기'는 코칭에서 발견하게 된 피코치의 개인적인 목표인 점에서 다르다. 그 이후 또한 목표를 명확히 하고 현재의 장애물을 파악하며, 중간 목표를 확인함으로써 피코치는 합리적인 시간 내에 목표를 달성할 수 있게 된다.

행동 과정에서 피코치는 구체적인 '실행'(Actions)을 결정해야 한다. 물론 피코치가 자신의 문제를 해결할 때 선택할 수 있는 다양한 옵션이 있다. 이 과정을 통해 피코치는 자신의 강점을 충분히 이해하고 그 강점을 사용하는 방법을 배우며 성장할 수 있다. 이어서 필수적으로 '장애물 제거'라는 과정이 뒤따르게 된다.

이 두 번째 단계에서 가장 중요한 요소는 역시 경청과 질문이다. 하지만 많은 사람들은 경청의 기술이 부족하거나 조급한 마음으로 인해 종종 효과적인 코칭의 과정을 갖지 못하는 경우가 있다. 코치는 어떠한 상황에서도 전체적인 과정에서 균형을 유지할 수 있도록 인내심을 유지하여야 한다. 또한 이 단계에서 보다 바람직한 방법은 코치와 피코치가 상호간에 마음을 열고 아이디어와 옵션을 공유하는 것이다.

Cultivate Questions

이 단계에서 사용 가능한 질문의 유형은 다음과 같다.

1. 목표를 이루기 위해서 취할 수 있는 방법에는 어떠한 것들이 있습니까?
2. 전에는 이러한 문제를 어떻게 다루었습니까?
3. 어떠한 결과를 예상하는지요?
4. 원하시는 결과는 무엇입니까?
5. 목표를 이루기 위해서 바꾸어야 할 것이 있다면 무엇입니까?

6. 다른 옵션은 있다면 그것은 무엇입니까?
7. 선택한 대안을 기초하여 언제까지 무엇을 하고자 하십니까?
8. 그 과정에서 발생 가능한 장애물은 무엇입니까?
9. 이 장애물을 극복하기 위해 당신은 무엇을 할 수 있습니까?
10. 이러한 장애물 이외에도 또 다른 장애물이 있다면 무엇일까요?

　　Cultivate [대안/실행] 단계에는 코치의 질문이 더욱더 중요한 역할을 하게 되는 단계이다. 코칭은 피코치가 의도적으로 행동하는데 도움을 주는 것인데, 이 상황에서 코치의 파워풀한 질문의 역할은 피코치가 다음 단계로 나아갈 수 있도록 도와준다. 강력한 질문은 피코치의 내면에 활발한 의식과 성찰의 작용을 불러일으키며 이렇게 해서 표출된 생각들에 대해서도 대화를 통하여 조언과 평가를 받아들이도록 개방적인 태도를 유도하기 때문이다.

이 두 번째 과정의 핵심은 무엇인가?

1. 코칭 환경에 익숙하지 않은 피코치를 위해 인내심을 갖는 것
2. 피코치를 주인공으로 그리고 코치는 조연의 역할을 맡는 것
3. 질문을 통해서 피코치가 올바른 대안과 실행을 선택하도록 돕는 것
4. 피코치가 자신의 강점에 집중해서 코칭이 진행을 이끄는 것

The Third Step: Harvest

HARVEST [추수하기]	
나 눔	어떠한 결과에 대해서도 열린 자세를 취하기
평 가	비감정적이고 비판적인 태도를 유지하기
피드백	부정적 피드백과 긍정적 피드백의 적절한 활용

마지막으로 Harvest [추수하기] 단계는 코치와 피코치 모두가 코칭의 보상을 얻는 시기이다. 코치는 피코치와 결과에 대한 나눔과 평가 및 피드백을 실시할 것이다. 주의할 점은 코치는 결과에 대해 감정적인 연결을 피해야 한다는 것이다. 비록 그 결과가 코치나 피코치가 충분히 만족할 만한 것이 아닐지라도 평가를 논의하고 피드백을 나누는데 있어서 비감정적이고 객관적인 태도를 유지해야 한다.

피코치는 코칭의 대화를 마치고 처음으로 실행하는 단계에 들어갈 것이기에 성공적인 수행 능력은 아직 완전히 개발되지 않을 수도 있다. 그럼에도 불구하고 코치는 마지막까지 앞에 나서서 피코치를 원하는 목표와 방법으로 이끌어가려는 생각을 삼가해야 하며 '코치'의 자세를 잃지 않도록 늘 주의해야 할 것이다. 왜냐하면 코치의 역할은 원칙적으로 올바른 목표와 방향, 숨겨져 있는 가능성을 피코치가 직접 찾아내고 스스로 해결할 수 있도록 돕는 것이기 때문이다.

위에서도 언급했듯이 코칭 후 나타난 결과를 평가하는 것은 매우 중요하다. 효과적인 성과를 내기 위해서는 피코치의 시간과 노력 그리고 향상된 기술이 요구되므로 조급해하고 있는 피코치를 향해서 코치는 인내심과 책임감을 가지고 올바른 방향 선택을 할 수 있도록 함께 걸어야 할 것이다. 그러므로 이 단계에서는 나타난 결과보다는 과정에 주목하고 피코치의 노력과 성실성에 초점을 맞추어 평가하며 마지막까지 열정을 잃지 않도록 칭찬과 격려와 인정을 아끼지 말아야 할 것이다.

HARVEST Questions

Harvest [추수하기] 단계에서 가능한 질문들은 다음과 같다.

1. 예상했던 결과는 무엇입니까?
2. 본래에는 무엇을 원하셨습니까?
3. 이 결과를 통해서 얻게 되는 기회는 무엇입니까?
4. 이 결과가 기본적인 사업 계획에 어떻게 부합합니까?
5. 이 결과를 어떻게 해석하십니까?

6. 이점에 대해서 어떠한 평가를 내리고 싶습니까?
7. 향후 계획은 어떤 것이 되겠습니까?
8. 계속 진행하기 위해서는 어떠한 단계가 요구됩니까?
9. 다음 단계를 위해서 가장 먼저 준비해야 할 것은 무엇입니까?
10. 좀 더 나은 결과를 위해서 포기해야 될 것은 무엇입니까?

3 STEPS 코칭 모델은 기본적으로 Sow, Cultivate 및 Harvest 단계로 구성된다. 하지만 코치는 이러한 단계가 기계적으로 뒤따라야 할 순서는 아니라는 것을 미리 염두에 두어야 할 것이다. 왜냐하면 코칭이란 늘 그 순서대로 하나씩 뒤를 이어 진행되는 것이 아니기 때문이다. 중요한 핵심은 코치가 유연해야 하며 피코치의 움직임에 항상 집중해야 한다는 것이다.

그러므로 3 STEPS 코칭 모델에서 코치는 피코치의 필요에 따라 코칭 대화의 순서를 수정할 수 있다. 또한 '탁월한 코치'라고 부를 수 있는 능력은 피코치 상태를 정확하게 판단하며 피코치가 표현하지 않더라도 피코치의 필요에 가장 잘 부합하는 스테이지로 인도할 수 있을 만큼 융통성과 합리성을 갖추는 것을 일컫는다. 동시에 최선의 결과를 위해 코칭의 기술을 사용하는데 있어서 가장 좋은 타이밍을 선택하는 능력이 요구된다고 하겠다.

특히 마지막 단계인 추수(Harvest) 단계에서 코치와 피코치가 함께 최선의 목표에 도달할 것이라는 공통의 기대는 코칭의 전 과정을 매우 견고하게 세워 줄 것이다. 이 단계에는 또한 전반적인 코칭 과정에 대해서 나눔과 평가와 피드백을 갖는 시간이 포함되어 있다. 코치와 피코치는 전체 과정을 통해서 함께 성장했음을 깨닫게 될 것이며 자신들의 방향을 재점검하는 유익한 결과를 나눌 수가 있을 것이다.

모델 사용의 유용성에 대하여

지금까지 많은 코칭의 모델 가운데서 GROW 모델과 3 STEPS 코칭 모델을 살펴보았다. 코칭의 이론들은 대개 동일하거나 유사한 이론적 기초와 내용을 가지고 있어서 어떠한 모델을 사용하든지 크게 다를 것은 없을 것이다.

그럼에도 불구하고 한 가지 이상의 모델을 사용하여 코칭을 진행해 보는 것은 적지 않은 유익이 있다고 생각된다. 특히 코칭 지도자로서 입문한 지 오래되지 않은 초보 코치들에게는 더욱 더 필요하다고 판단된다. 아무리 코칭의 우수한 이론들을 알고 있더라도 그 모든 것이 각 코칭의 경우에 동일한 장점과 필요성을 가지고 있는 것은 아니다.

코치는 새로운 과제를 안고 오는 피코치의 상황과 목적에 따라 코칭의 이론들을 코칭 사례에 따라 구조화해야 할 필요가 있다. 그러므로 우선은 효과가 이미 검증된 모델을 사용해 봄으로서 다양한 이론들을 그 때마다 취사 선택해야 하는 번거로움을 덜 수가 있을 것이다. 그만큼 실패할 가능성을 줄일 수가 있다는 이야기다. 또한 모델을 적용해 봄으로서 각 모델과 이론들의 특징들과 장단점들을 비교해서 분석할 수 있는 기회를 가질 수도 있을 것이다. 이러한 기회를 통해서 코치는 자신의 능력을 단기간에 획기적으로 향상시킬 수가 있을 것이다.

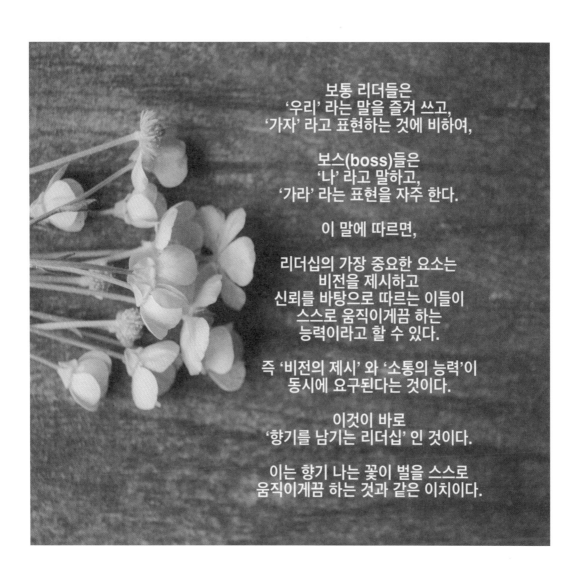

보통 리더들은
'우리' 라는 말을 즐겨 쓰고,
'가자' 라고 표현하는 것에 비하여,

보스(boss)들은
'나' 라고 말하고,
'가라' 라는 표현을 자주 한다.

이 말에 따르면,

리더십의 가장 중요한 요소는
비전을 제시하고
신뢰를 바탕으로 따르는 이들이
스스로 움직이게끔 하는
능력이라고 할 수 있다.

즉 '비전의 제시' 와 '소통의 능력'이
동시에 요구된다는 것이다.

이것이 바로
'향기를 남기는 리더십' 인 것이다.

이는 향기 나는 꽃이 벌을 스스로
움직이게끔 하는 것과 같은 이치이다.

EASY COACHING
이지코칭

CHAPTER 4
코치의 조건

코칭에서 가장 중요한 요소 중 하나는 코치와 피코치와의 관계이다.
상담의 영역에서는 상담자와 내담자, 컨설팅에서는 컨설턴트와 고객,
멘토링에서는 멘토와 멘티의 관계로서 규정된다.
이들의 특징은 모두 전문가와 비전문가의 관계 설정에 기초한다.
반면에 코칭에서 코치와 피코치의 관계는 서로의 파트너십을 바탕으로
코치는 피코치가 스스로 가능성과 해결책을 찾도록 도움을 주는
조력자라는 데 그 큰 차이와 특징이 있다.

A GOOD COACH
코치의 조건

CHAPTER 4

차세대 리더십으로 떠오른 코칭에는 다섯 가지의 철학이 있다.

제 1 철학: 사람들은 누구나 무한한 가능성과 잠재력을 가지고 있다.
제 2 철학: 코칭은 코치와 피코치 간의 쌍방향 대화 프로세스이다.
제 3 철학: 코치와 피코치의 관계는 철저하게 신뢰를 바탕으로 한다.
제 4 철학: 코치는 피코치가 최선의 선택을 할 수 있도록 돕는다.
제 5 철학: 코치는 조연의 역할을 책임감을 가지고 수행해야 한다.

1 코치와 피코치

코칭에서 가장 중요한 요소 중 하나는 바로 코치와 피코치와의 관계라고 하겠다. 유사한 분야에서의 관계성을 보자면 우선 상담의 영역에서는 상담자와 내담자, 컨설팅에서는 컨설턴트와 고객, 멘토링에서는 멘토와 멘티의 관계로서 규정된다. 이들의 특징은 모두 전문가와 비전문가의 관계 설정에 기초한다는 것이다. 반면에, 코칭에서 코치와 피코치의 관계는 비록 코치가 코칭 분야의 전문가이기는 하지만, 서로의 파트너십을 바탕으로 코치는 피코치가 스스로 가능성과 해결책을 찾도록 도움을 주는 조력자라는 데 그 큰 차이와 특징이 있다.

코칭의 특징	
컨설팅	청사진을 그려 주고 방향 설정 및 실행까지 도움
멘토링	특정 분야의 전문가에 의한 교육, 시범 및 안내
상 담	과거에 집중해서 심리적 문제를 해결하는데 초점
코 칭	피코치의 잠재력을 깨우고 목표를 성취하게끔 협력

memo

코칭의 위치

　다시 한번 컨설팅과 멘토링 그리고 상담과 코칭에 대해 살펴보자면, 큰 차이는 코치와 고객 혹은 피코치의 위치에 있음을 알 수 있다. 다시 말해서 컨설팅은 전적으로 고객 혹은 클라이언트가 전문가인 컨설턴트를 의존하는 위치에 있는 반면에, 코칭은 피코치가 주도적이고 자율적으로 대화를 이끌어 가도록 한다는 점에서 가장 큰 차이를 발견할 것이다. 아래의 표에서 왼쪽으로 갈수록 전문가의 주도성이 강해지고 반대로 오른쪽으로 갈수록 전문가가 촉진자적인 위치로 전환되고 있음을 볼 수 있다.

Directive

Facilitative

2 코치의 특징

코치의 자격

Who is a Coach?	
미래지향적	미래 지향적인 대화의 전문가
타문화적	다양한 피코치의 문화를 섬기는 자
긍정적	적극적이고 긍정적인 에너지의 소유자
비전지향적	목표 뿐만 아니라 비전 지향적인 리더
변혁적	피코치의 인식의 변화를 위한 변혁가

memo

코치의 조건

Characteristics of a Coach?	
이타심	타인에 대한 관심과 애정이 풍부
서포터	남을 지지하고 돕고자 하는 자세
호기심	나와는 다른 새로운 것에 대한 호기심
성실함	적극적으로 코칭의 전 과정을 준비함
경험 및 지식	다양한 경험과 지식을 추구하고자 함

코치의 성장

풍부한 지식	코칭에 관련된 지식 및 이론의 습득
다양한 경험	다양한 피코치를 통한 경험의 축적
완숙한 기술	완숙한 코칭 기술을 통한 프로세스

위대한 코치

치열한 경쟁 시대인 지금은 기업을 대상으로 하는 '비즈니스 코칭' 뿐만 아니라 개인적인 삶의 모든 부분을 케어하는 '라이프 코칭'에 관련된 코칭 산업이 엄청난 속도로 발전하고 있다. 이에 따라 전문 코치가 되어 활동하고자 하는 수요가 폭발적으로 증가하고 있다. 아마도 앞으로 코칭의 학문적인 이론 체계의 발전과 더불어 실용적인 면에서도 더 많은 연구와 현장 적용이 이루어 질 것으로 기대된다. 그렇다면 유능한 코치는 어떠한 특징을 가져야 할까?

What Makes a Great Coach?	
탐구력	지식에 대한 끊임없는 열정과 탐구
혁신성	코칭의 기술 습득 및 개발에 투자
경청력	늘 세심하게 듣고자 하는 습관
대화력	탁월한 대화 능력으로 피코치와 공감
정직성	피코치에게 늘 정직한 태도를 갖춤
관찰력	행간의 숨은 뜻을 읽을 수 있는 능력
신뢰감	피코치의 개인적인 비밀 유지와 친화력
전문성	프로페셔널한 자세와 태도 그리고 행동
책임감	코칭 과정과 피코치의 성장에 대한 책임감
모델링	삶의 철학 및 소신에 있어서 모델링 역할
인내력	코칭 프로세스 동안 인내심을 갖고 동행

코칭의 목적

코칭의 궁극적인 목표는 피코치의 '변화와 성장' 에 있다. 코치는 피코치의 파트너로서 함께 동행하면서 단기적인 목표 달성이나 성과 향상을 위해 조력하기도 하지만 장기적인 안목을 가지고 피코치가 변화하고 성장하는 모습을 지켜보아야 한다. 삶의 문제는 한 개인의 전문성과 능력 뿐만 아니라 태도와 관계 그리고 품성을 포함한 전반적인 발전이 필요하기 때문이다.

Goal of a Coach	
개인적 성장	코칭의 주된 목적은 피코치의 목표를 달성하는 것이다. 여기에는 성공과 성장이 포함된다. 코치는 피코치의 강점을 찾아서 그것을 극대화할 수 있도록 해야 하며 모든 유형의 동기부여와 촉진 활동 및 효과적인 피드백을 통하여 목표에 도달해야 한다. 이 때 중요한 것은 인식의 변화를 이끌어 내는 것이다. 이 과정에서 변화를 주도할 에너지와 동기는 필수적인 요소라고 할 수 있다. 아무리 좋은 계획도 실행할 힘이 없다면 무용지물이기 때문이다.
기관의 변화	기업이나 기관의 리더는 그 역할을 극대화시키고 문제 해결을 위한 특정한 수행 능력을 개발할 수 있어야 한다. 이 때 코칭은 그 리더의 인식 변화를 통하여 구성원의 성장은 물론이고 기업 및 기관의 변화를 가지고 올 수 있을 것이다. 리더의 정확한 결정과 올바른 선택은 코칭을 통하여 개발되어지고 향상될 것이다. 하지만 그 실행 의지가 없다면 충분한 동기를 얻지 못하므로 코치는 피코치에게 동기 부여하고 에너지를 얻도록 적극적이고 긍정적으로 서포트 해야 할 것이다.

③ 피코치의 특징

피코치의 위치

코칭의 과정에 있어서 코치는 조연의 역할을 맡고 피코치는 주인공의 역할을 담당하게 된다. 아마도 피코치 혹은 고객의 역할이 적극적으로 요구된다는 면에서 코칭만큼 독특한 분야도 드물 것이다. 그렇다면 과연 성공적인 코칭을 위해서 피코치는 어떠한 태도를 갖추어야 할까?

Who is a Coachee?	
목표 지향	목표 지향적인 성취자
열정과 패기	적극적인 참여와 열정의 소유자
동기 부여	동기 부여를 통한 변화를 꿈꾸는 사람
솔직한 자세	자신을 솔직하게 오픈할 수 있는 사람

memo

코칭의 파트너십

코칭의 마법은 처음부터 마지막 종결 단계까지 코치와 피코치의 파트너십을 전제로 진행되는 '한 팀(One Team) 프로세스' 라고 할 수 있다. 또한 앞에서 설명했듯이 코치는 피코치를 더욱 돋보이도록 조연 역할을 하면서 피코치를 주연으로 세우는 사람이다. 그렇다면 과연 피코치는 어떻게 주인공 역할을 하게 될까?

As a Main Character...

코칭은 목표 및 주제의 설정, 현실 파악, 대안 모색 그리고 장애물 제거 및 실행 단계로 구성된 하나의 구조화된 대화이다.

이 과정에서 코치는 피코치 안에 내재된 비전과 열정, 행동에 대한 의지를 이끌어 내는 역할을 감당하게 된다. 피코치를 훌륭한 주연으로, 행동가로 만들어가는 것이 코치의 사명이다. 피코치는 코치를 절대적으로 신뢰하고 프로세스에 주인공으로 참여하게 된다.

피코치를 주인공으로 섬기고자 하는 코치의 책임감 없이는 절대로 'Good Coaching' 을 기대하기는 어려울 것이다.

코칭의 기술

보통 코칭을 '대화의 기술' 혹은 'Art of Motivation (동기 유발의 기술)'이라고 부른다. 실제 코칭에서 피코치가 제대로 된 방향으로 나아가기 어려운 상황에서도 코치는 절대로 답을 주지 않는다. 그 대신 피코치가 자신의 숨은 잠재력을 발견하고 스스로 대안을 선택하고 실행에 옮기면서 책임감 있게 행동하도록 돕는 면에서 코칭의 과정은 하나의 예술인 것이다.

The Art of Coaching	
질문의 달인	파워풀한 질문을 던지는 전문가
동기 부여자	끊임없는 동기 부여를 통한 성장
인식 변혁가	인식의 변화를 가장 중요시하는 대화법
단계적 접근자	피코치의 강점을 통해 다음 단계로 이동

코칭 대화의 구조

Structure of Coaching Conversation	
미래지향적	피코치와의 대화는 미래지향적인 방향
독립적	피코치 위주의 독립적인 대화의 구조
강점 기반형	강점을 기본으로 하는 대화 방법

사고의 변혁가

코칭에서 가장 중요한 것은 바로 '다르게 생각하기' 즉 'Think Different' 이다. 관점의 변화 혹은 입체적 사고는 문제를 다각도로 바라보게 하여 가려져 있던 해결 방안의 실체를 드러내게 만들기 때문이다.

사람들은 저마다 익숙한 자신만의 생각의 방식 혹은 틀을 가지고 있으며 또한 각자의 세상을 바라보고 생각하는 방식은 살아오면서 고착된 것으로서 지금까지의 문제를 해결하는 데 있어서 유용하게 사용되었을 것이다. 하지만 전혀 새로운 문제가 발생했을 때 그 이전의 해결 방식은 문제의 원인조차 제대로 진단할 수도 없는 낡은 도구와 같을 것이다. 즉 이러한 상황에서는 생각의 틀을 바꾸는 코칭과 같은 외적인 도움이 절실하게 필요할 것이다.

코칭에서 새로운 관점을 제기하고 피코치의 생각의 틀(paradigm)을 바꾸기 위한 효과적인 질문법으로는 주로 What, Why 그리고 How 질문이 사용되며 이러한 면에서 볼 때 코치는 고정된 사고방식을 바꾸는 '사고의 변혁가' 라고 할 수 있다.

"패러다임은 어떤 한 시대 사람들의 견해나 사고를
근본적으로 규정하고 있는 테두리로서의 인식의 체계
또는 사물에 대한 이론적인 틀이나 체계를 의미하는 개념이다." (위키백과)

Different Thinkers	
What Thinker	정보와 지식 그리고 사실에 집중
Why Thinker	행동 뒤에 놓인 이유를 탐구
How Thinker	상대방의 대답 영역을 확장
Mixed Thinker	What, Why, How 를 혼용한 질문법

코칭 ICEBERG

　'인식과 행동의 변화'를 추구하는 코칭은 표면 아래에 숨겨 있었던 가능성의 발견 및 자기 인식을 중요시한다. 이 과정을 통한 실행의 결과물이 외부로 나타나는 일종의 대화의 기술인 것이다. 아래의 빙하 그림이 이러한 코칭의 특징을 잘 보여주고 있다. 즉 10% : 90% 비율이었던 행동과 인식 가능성이 역전되는 것을 목표로 하며 이렇게 변화된 피코치의 가능성은 현실의 성공과 성장으로 열매를 맺게 되는 것이다.

Memo

EASY COACHING
이지코칭

CHAPTER 5
코칭의 종류

지금까지도 '코치' 라는 단어는 스포츠 분야에서 쓰임 받고 있지만
오늘날에는 실로 다양한 분야에 적용되고 있다. 이러한 현상은
코칭의 유용성 및 적극적인 활용성을 증명해 주는 증거임에 틀림없다.
현대와 같이 복잡하고 혼돈의 연속인 환경 속에서 분명히 요구되는 것은
속도감이 뛰어나고 탁월한 성능을 갖춘 '나침반'의 역할일 것이다.
특히 개인 및 조직의 업무 성과를 높이기 위해서는
멤버들의 잠재력과 리더십 역량을 끌어내는데 초점을 맞추어야 할 것이다.
이러한 목적에 가장 적절한 것이 바로 '코칭'일 것이다.

COACHING TYPES
코칭의 종류

CHAPTER 5

현재 코칭이 활용되고 있는 분야는 실로 다양하다. 전 세계적인 코칭 시장을 살펴보면 '비즈니스 코칭'과 '라이프 코칭'이 주도하고 있는 것으로 보이지만 실은 더 많은 영역에서 코칭에 대한 요구가 증대되고 있음을 알 수가 있다. 코치(Coach)라는 용어와 역할은 스포츠 분야에만 사용되는 개념이었지만 오늘날에는 실로 다양한 분야에 적용되고 있다. 이러한 현상은 코칭의 유용성 및 적극적인 활용성을 증명해주고 있다는 증거임에 틀림없다.

코칭의 종류	
비즈니스 코칭	회사와 고객 모두의 탁월한 성과를 위한 코칭
라이프 코칭	외적 삶과 의미의 밸런스와 성장을 위한 코칭
리더십 코칭	리더십 스킬 향상을 목표로 하는 코칭
커리어 코칭	피코치의 경력을 극대화할 목적의 코칭
페이스 코칭	종교와 현실, 고결한 삶의 의미와 균형을 위한 코칭
관 계 코 칭	원활한 인간관계를 통한 성공적 삶에 대한 코칭
전환기 코칭	인생의 변곡점을 겪고 있는 이들에 대한 코칭

변화를 원하는가? 그렇다면...

다양한 관점을 제공하며 행동 능력을 최적화시키는
코칭을 주목하라!

1 Business Coaching

비즈니스의 세계에서 핵심은 속도와 방향이다. 먼저 변화무쌍한 시장의 속도를 쫓아가지 못하고 적당한 타이밍을 놓친다면 경쟁자에게 뒤처지게 될 것이다. 그런데 속도에 못지 않게 중요한 것은 방향이다. 재빠르게 시장의 변화에 대처했을지라도 방향을 잘못 읽었다면 엉뚱한 지점에 도착하고 말 것이다. 비즈니스 코칭의 목적은 속도 감각을 향상시킴과 동시에 좋은 성능을 갖춘 '나침반'의 역할을 하는 것이다. 특히 조직의 업무 성과를 높이기 위해 조직원들의 잠재력과 리더십 역량을 끌어내는데 초점을 맞추어야 한다.

7 Benefits of Business Coaching	
명확성	명확한 비즈니스의 목표 설정을 도움
집중성	능력과 열정을 목표에 집중하도록 함
창의성	문제 해결 능력 및 창의력 향상에 기여함
커뮤니케이션	팀 동료들 간의 의사소통 능력을 향상시킴
시각의 변화	기존의 영역과 방식을 새 관점으로 시각화
고객 중심	변화하는 시장과 고객의 요구에 맞춤
관계성	비즈니스에 동반되는 모든 관계 능력의 향상

비즈니스 코칭 질문

비즈니스 코칭에 있어서도 역시 질문의 중요성은 줄어들지 않는다. 질문은 코치와 피코치가 당면한 문제를 더 심층적으로 들여다보고자 하는 도구로 활용되는 즉 다시 말하자면 현미경이나 확대경과 같은 역할을 하는 동시에 더욱 먼 신세계로 나아가고자 하는 보트(boat)의 노와 같은 역할을 하는 것이다.

Business Coaching Questions
Goal Settings [목표 설정]
무엇에 대하여 이야기하고 싶으신지요?
이 주제가 적합한 이유가 무엇이라고 생각하십니까?
코칭이 끝난 뒤 얻게 될 유익함이 있다면 무엇입니까?
Reality [현실 파악]
지금까지 시도해 보지 않은 것이 있다면 무엇입니까?
이러한 상황에서 고객께서 원하는 것은 무엇일까요?
현재의 장애물들을 처리한다면 어떠한 일들이 전개될까요?
Options [대안 선택]
지금의 상황에서 최선의 선택이 있다면 무엇일까요?
고객 중심의 경영에서 선택할 수 있는 또 다른 방법이 있다면요?
가장 효율적인 면을 선택하여 정리해 보면 어떤 내용이 될까요?
Will [실행 의지]
언제 그리고 어떻게 그 대안이 실행되기를 원하십니까?
제일 먼저 무엇을 시도해보고 싶으신지요?
언제 제가 중간 점검하기를 원하십니까?

Life Coaching

라이프 코칭의 대상은 일반적인 개인들이며 삶의 중심과 균형을 찾아주는 것에 그 목적을 둔다. 라이프 코칭에서 대개의 문제는 의미와 연관되어 있다. 삶의 궁극적인 의미는 많은 이들에게 있어 '감추어져 있는 무엇'이며 일련의 상황 변화를 통해 그것이 수면으로 떠올라 올 때 예기치 못한 심리적 곤란을 겪을 수가 있다. 이 때 '라이프 코칭'은 한 사람의 생각과 행동의 변화를 통해 그의 삶이 전반적인 균형을 되찾도록 돕는다.

7 Benefits of Life Coaching	
명확성	존재 및 상황에 대한 정확한 분석력
현실파악	현재 혹은 미래의 장애물에 대한 파악
자신감	격려와 응원을 통한 자신감의 회복
추진력	이론과 실제의 구별을 통한 추진력
가능성	환경을 넘어선 가능성 인식 및 대안 선택
계획 및 전략	체계적인 계획 및 구체적인 전략
파트너십	나침반 역할을 하는 파트너와의 동행

라이프 코칭 질문

    게리 콜린스 코치는 "고객들이 코칭을 받으러 오는 이유는 계속되는 삶의 변화와 삶의 스트레스를 더 이상 조절할 수 없기 때문" 이라고 그의 책 '코칭 바이블'에서 말하고 있다. 그러므로 라이프 코칭의 질문은 삶의 조절 능력과 균형을 찾기 위한 고객의 성찰과 의지에 초점을 맞추고 진행되어야 할 것이다.

Life Coaching Questions
Goal Settings [목표 설정]
현재의 삶에서 잃어버리고 있는 것이 있다고 생각하십니까?
현재 어려움을 겪고 있는 문제가 있으신지요?
구체적으로 무엇을 변화시키고 싶으신가요?
Reality [현실 파악]
10 년전 혹은 20 년전으로 돌아간다면 무엇에 집중하고 싶습니까?
문제 해결을 위해 지금까지 해오신 방법이 있다면요?
문제 해결의 길에 방해물이 있다면 무엇일까요?
Options [대안 선택]
지금의 상황에서 선택할 수 있는 방법이 있다면요?
다른 대안이 있다면 또 무엇이 있을까요?
비슷한 환경에서 관심을 끄는 다른 방법이 있을까요?
Will [실행 의지]
어떻게 하면 보다 실행력을 높일 수 있을까요?
언제쯤 중간 평가를 하면 좋을까요?
오늘의 대화에서 얻은 유익함이 있다면 무엇입니까?

3 Leadership Coaching

모든 조직은 나름대로의 핵심적인 가치와 이를 구현해 내는데 효과적인 리더십을 가지고 있다. 왜냐하면 기업의 성과는 각각의 리더가 조직 내에서 끼치는 영향력에 따라 결정되기 때문이다. 그러나 시대를 불문하고 모든 상황에 적용될 수 있는 영구불변의 리더십이란 있을 수 없다. 변화하는 시대와 상황에 맞추어 리더십도 변화되어야 하기 때문이다. 그러므로 리더십 코칭의 대상은 각 조직의 CEO 및 임원과 팀장 그리고 각 영역의 전문가가 될 것이다. 조직 구성원들의 사고와 행동의 변화를 이끌기 위해서 어떻게 리더십 역량이 지속적으로 강화되어야 할까? 그러므로 리더들을 위한 코칭은 아래와 같은 원칙들에 의해 진행되어야 할 것이다.

7 Benefits of Leadership Coaching	
자 아 인 식	성장을 견인해 나가는 자기 통찰 능력
인 생 경 영	성숙한 삶의 관리 능력
관 계 향 상	타인을 이해하고 관계를 향상시키는 능력
융합적 사고	다양성의 존중과 방식에 얽매이지 않는 융통성
동 기 부 여	동기 유발을 통한 목표지향적인 자세 확립
커뮤니케이션	조직원들과 소통하고 이끌어가는 열린 태도
창의적 사고	새로움, 혁신, 발명, 도전을 장려하는 마인드

리더십 코칭 질문

미국의 심리학자인 더글라스 맥그리거는 "리더십이란 단지 리더 한 사람의 특성이라기보다는 리더와 그가 맞닥뜨린 상황과의 관계이다" 라고 말했다. 즉 리더는 다양한 상황 속에서 최고의 선택을 내릴 줄 아는 사람이어야 함을 말하는 것이다. 이를 볼 때, 코치는 리더가 성숙하고 가장 좋은 결정을 내릴 수 있도록 최선의 파트너의 역할을 수행할 수 있어야 할 것이다.

Leadership Coaching Questions
Goal Settings [목표 설정]
현재 가장 도전이 되는 것은 무엇입니까?
어느 부분에서의 강화 혹은 발전이 더 필요하다고 생각하시나요?
성취하고 싶은 중요한 3 가지 목표가 있다면 무엇입니까?
Reality [현실 파악]
현재 직면한 이슈에 대해서 좀 더 이야기해 주시겠습니까?
왜 지금의 이슈가 중요하다고 생각하십니까?
변화가 일어나지 않을 경우 예상되는 결과는 무엇입니까?
Options [대안 선택]
시도한 것과 하지 않은 것, 그리고 더 배워야 할 것은 무엇입니까?
그 밖에 또 다른 옵션은 어떠한 것이 있을까요?
각각의 옵션의 장단점에 대해서 말씀해 주시겠습니까?
Will [실행 의지]
그 다음엔 무엇을 하고자 하십니까?
필요한 그 자원을 어디서/어떻게 구하고자 하시나요?
다음 단계로 진행하기 위해서 지금 당장 필요한 것이 무엇입니까?

Career Coaching

커리어 코칭은 경력 혹은 직업적 능력을 업그레이드시키는 것을 일컫는 것으로 이 때 커리어 코치는 피코치에게 보다 실제적인 도움을 제공하는 전문가라고 말할 수 있다. 이 때 코치는 피코치인 직장인이 취업 등 경력 선택이나 관리에서 성공할 수 있도록 옆에서 함께 뛰는 동반자 역할을 해야 한다. 이를 통해 직장인은 정확하고 성공적인 경력 관리 지도를 받음과 동시에 효율적인 자기 계발과 마케팅을 하게 된다.

7 Benefits of Career Coaching	
목 표 설 정	목표 설정을 통한 방향성 정립
가치관 확립	전문가로서의 가치관의 확립
자 아 인 식	자신에 대한 정확한 상황 및 위치 파악
커리어 개발	단순한 직업이 아닌 성공적인 커리어 연결
전략 세우기	적합한 직업 선택을 위한 전략적 접근
동 기 부 여	새로운 분야 혹은 직업을 향한 동기 부여
비 전 설 정	경력 혹은 직업에 대한 새로운 비전

‘커리어’는 직장에서 습득한 전문적인 지식이며 직장 생활에서의 자신의 가치 평가 기준이기도 하다. 그러므로 정해 둔 목표를 향하여 달려가는 선수들에게 체계적인 트레이닝이 필요하듯이 직업성과 비전을 고민하는 직장인은 전문 커리어 코칭의 일관된 프로세싱이 필요할 것이다.

커리어 코칭 질문

　'커리어 코칭'은 고객의 전문성과 자기 분야에서의 높은 평가를 목적으로 하는 동시에 피코치의 자긍심을 높이기 위한 코칭 프로세스이기에 코치는 분명히 이러한 점을 염두에 두고 그 과정을 진행해야만 한다.

Career Coaching Questions
Goal Settings [목표 설정]
정말로 하시고 싶은 일은 무엇입니까?
언제가 제일 자신이 자랑스럽다고 느끼십니까?
지금까지 성공했던 3 가지 일을 꼽으라면 무엇입니까?
Reality [현실 파악]
당신의 비전은 무엇이었으며 지금도 그 길을 가고 있는지요?
현재의 상황에서 부족하다고 느끼는 점이 있다면 무엇일까요?
10 년 후 최상의 위치에 있게 된다면 무엇을 하고 싶습니까?
Options [대안 선택]
직업과 삶에 변화를 주기 위해 선택할 수 있는 방법은 무엇입니까?
그러한 상황이 가져다 주는 이점에는 무엇이 있을까요?
비전을 이루기 위해 지금 가장 필요한 경력이나 능력이 있다면?
Will [실행 의지]
선택한 그 길을 가는데 있어서 방해물이 있다면 무엇입니까?
언제/어떻게 선택한 그 길을 가고자 하십니까?
다음 단계로 옮기기 위한 최소한의 것을 해야 한다면 무엇일까요?

Faith Coaching

　'페이스 코칭'은 피코치가 가진 종교적 관점을 합리적으로 검토하면서 다시 인생의 의미를 전반적으로 성찰할 기회를 나누며 균형을 찾도록 도와주는 코칭 프로세스이다. 이 코칭은 인생에서 진정한 가치를 찾고 보다 안정된 심리적, 정서적, 영적 존재로서 살아가도록 돕는 것이며, 결국은 무엇인가를 의지하고 믿을 수밖에 없는 인간 실존의 특성을 이해하면서 건전한 종교 생활과 건강한 현실 생활을 영위하도록 하는 코칭이다. 삶과 종교에 대한 다양한 관점을 교환하면서 믿음을 전반적으로 검토하고 실행 가능성이 높은 행동 계획을 수립한 뒤 적극적으로 실행할 수 있도록 돕는 과정을 일컫는다. 분명한 점은 일반 코칭과는 달리 피코치의 신앙과 삶의 성숙을 돕는데 그 중점을 두고 있다는 것이다.

7 Benefits of Faith Coaching	
인생 재설계	영원성의 시각으로 본 인생의 목표
가치관 설정	인내, 겸손 그리고 사랑과 같은 가치에 집중
은 사 발 견	자신의 존재에 대한 확신과 은사의 발견
세계관 확립	세계관 검토 및 변혁을 통한 시각의 변화
영 적 성 장	진리 중심의 코칭 대화
신 앙 회 복	신앙의 회복에 따른 새로운 삶을 추구
시각의 변화	삶을 영원한 스토리의 관점에서 해석

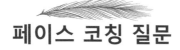

페이스 코칭 질문

가치관의 혼동과 인생의 방향을 설정하는데 있어서 종교는 여전히 중요한 영역을 차지하고 있다. 하지만 현실적으로 '페이스 코칭'에서는 교리와 비교 종교와 같은 광범위한 영역을 다루기보다는 건강한 믿음을 위한 코칭식 질문을 통하여 상대방의 영적인 균형을 잡아 주는데 그 핵심을 두고 있다.

Faith Coaching Questions
Goal Settings [목표설정]
오늘의 주제는 무엇으로 할까요?
코칭의 주제를 이렇게 정해도 될까요?
코칭이 끝난 뒤에 어떠한 변화를 기대하십니까?
Reality [현실파악]
현재의 상황 가운데서 놓쳐도 되는 것은 무엇입니까?
지금의 상황에서 누구의 도움을 가장 필요로 하십니까?
모든 것을 포기해도 반드시 지켜야 하는 것이 있다면 무엇입니까?
Options [대안선택]
현재 최고의 대안은 무엇일까요?
선택한 것을 실행하기 위해서라면 무엇을 포기할 수 있는지요?
대안의 실용성을 1~10 까지 나눈다면 몇 점을 주시겠습니까?
Will [실행의지]
실행 단계에 있어서 방해가 되는 요소에는 어떠한 것이 있을까요?
그러한 방해물을 제거할 수 있는 방법에는 무엇이 있을까요?
실행할 수 있는 최고의 시기는 언제입니까?

Relationship Coaching

인간은 '사회적 동물'이며 인간의 삶이란 다양한 관계를 맺는 것을 필수로 요구한다. 그러나 관계로 인해 많은 사람들이 스트레스를 받고 너무나 뻔한 것처럼 보이는 인간관계에서 어려움을 겪고 실패를 거듭하는 것이 현실이다. 인간관계의 어려움으로 인해 고통을 당하는 것을 물론이고 비전 성취에도 실패하는 이들에게 '관계 코칭'은 매우 유익하고 실질적인 도움을 줄 수가 있을 것이다. 관계 코칭의 중심은 새로운 관점 제시 혹은 커뮤니케이션 능력 향상 등이며 어떤 관계에서도 기초가 되는 솔직성, 개방성, 친화력 그리고 성품 등에 대한 안목과 변화를 꾀하는 것이 포함된다.

7 Benefits of Relationship Coaching	
의 사 소 통	의사소통의 기술과 능력
포 용 력	문화 및 관습에 대한 폭넓은 이해
업 무 방 식	융통성과 합리적인 방식
가 치 관	균형 있고 타당성 있는 기준
윤 리 적 삶	옳고 그름에 대한 사회적 통념에 부합
성 품	솔직성 및 개방성에 기초
헌 신	이해관계를 넘어서는 고결성

만일 '인간 관계'가 하나의 기술(Skill)에 불과하다고 여긴다면 상대방을 조종하거나 통제하려는 유혹에 직면하게 될 것이다. 결국 장기적으로 볼 때 그것은 가식이나 위선을 낳을 뿐이다. 물론 인간관계에서 기술적인 측면이 전혀 없는 것은 아니다. 그러나 깊이 있는 관계란 언제나 인간의 품성과 올바른 가치관을 바탕으로 이루어지는 것이다. 그러므로 관계 코칭에서도 인간 관계의 기술을 향상시킴과 더불어 품성에도 초점을 두어야 한다.

Relationship Coaching Questions
Goal Settings [목표 설정]
특별히 어려운 점이 있다면 무엇입니까?
이번 코칭에서 무엇을 얻고 싶으십니까?
언제부터 코칭의 필요성을 생각하셨습니까? 계기는 무엇입니까?
Reality [현실 파악]
어떤 조치를 취해 보셨습니까?
직장에서 최고 위치에 있게 된다면 가장 먼저 무엇을 고치겠습니까?
이 직장에서 마음에 드는 3 가지가 있다면 무엇인가요?
Options [대안 선택]
인간관계에 변화를 주기 위해 선택할 수 있는 방법은 무엇입니까?
좋은 인간관계의 필수 요소는 무엇이라고 생각하십니까?
가장 자신 있는 부분은 무엇입니까?
Will [실행 의지]
어떤 유형의 리더가 되고 싶으십니까?
당장 무엇부터 해보기를 원하십니까?
중간 점검을 한다면 언제 무엇을 하면 좋겠습니까?

# Transition Coaching

<전환기>란 삶에서 급격한 변화가 일어나는 시기로서 사회적, 신체적, 심리적 변화가 동반되는 시기라고 말할 수 있다. 다른 표현으로는 분기점(a turning point) 이라고 부를 수 있으며, 하나의 지점에서 다른 지점으로 이동하면서 간격이 발생하는 과도기라고 말할 수 있다. 이렇게 삶의 변곡점이 찾아 올 때 미처 준비되지 못해 정서적 혹은 실질적인 문제가 발생할 수 있다. 이로 인하여 육체적 또는 정신적 건강의 약화가 나타날 수 있으며, 공황과 무기력 상태에 빠지거나 두려움과 분노가 깊어질 수도 있다. 또한 약물과 음주에 의존하고 폭력성이 증가하는 현상도 나타날 수가 있다. 그러므로 전환기 코칭은 무엇보다 심리적 불안감의 해소와 새롭게 맞이하는 환경에 대한 적응성을 계발하는데 역점을 두고 실시되어야 할 것이다.

7 Benefits of Transition Coaching	
수 용 성	인생의 변화를 받아들이는 시각
다 양 성	모든 변화에는 긍정과 부정의 요소가 있음
불변의 가치	변하지 않는 것을 중심으로 재편성
긍정적 사고	긍정 마인드의 계발
정서적 유대	친밀한 관계의 강화
호 기 심	삶을 흥미진진한 시각으로 봄
적 응 성	실천 전략과 행동

취직, 은퇴, 전출, 이사, 이민, 결혼, 이별, 갱년기 같은 삶의 전환기에는 비록 고객이 어느 정도 예상한 변화라고 할지라도 막상 현실로 부딪치게 될 때 상당한 스트레스가 뒤따를 수 밖에 없는 상황들이다. 다양한 환경 변화에 따른 신체와 정신의 부조화가 나타나고, 의미와 가치가 흔들리며 심리적 불안과 부적응성이 늘어나며 때로는 무기력한 상태에 빠질 수도 있다. 그러므로 전환기 코칭은 항구적 가치를 재검토하고 이를 중심으로 정서적 충족과 연결 그리고 구체적인 실천 전략을 짜는 것을 중심을 진행되어야 할 것이다.

Transition Coaching Questions
Goal Settings [목표 설정]
현재의 시점에서 꼭 이루고 싶은 점이 있다면 무엇입니까?
이번 코칭에서 무엇을 얻고 싶으십니까?
코칭을 통해 어떠한 변화를 기대하십니까?
Reality [현실 파악]
어떤 변화 혹은 조치를 취해 보셨습니까?
지금 당신에게 가장 필요한 것은 무엇이라고 느끼고 계십니까?
변화에서 찾을 수 있는 긍정적 요소는 무엇이라고 보십니까?
Options [대안 선택]
현 상황에 변화를 주기 위해 선택할 수 있는 방법은 무엇입니까?
피하고 싶은 가장 나쁜 상황은 무엇이라고 생각하십니까?
현재 가장 자신 있는 부분은 무엇입니까?
Will [실행 의지]
언제부터 실행해보고자 하십니까?
계획이 성공할 수 있다고 보십니까? 점수를 매긴다면요?(1~10)
성공 실패를 불문하고 마음에 드는 부분은 무엇인가요?

Coaching & Leadership

코칭은 동기부여와 임파워링(empowering)을 통해 피코치의 주도성과 능력을 향상시키며 신뢰에 기반한 관계성을 가지고 변화와 비전 성취를 돕는 리더십이다.

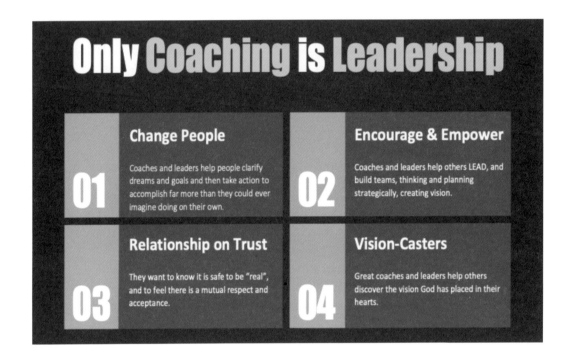

이러한 격동의 시기에 당신은 어떠한 리더십을 갖추기 원하는가?

EASY COACHING
이지코칭

CHAPTER 6
실전코칭

날마다 다변화되어 가고 있는 전 세계의 코칭 시장의 상황으로 인하여
기존의 라이프 코칭, 비즈니스 코칭, 리더십 코칭, 경영자 CEO 코칭 등은
물론이고 지금은 관계 코칭, 연애 코칭, 학습 코칭 및 진로 코칭 같은
다양한 유형의 코칭이 새롭게 자리잡아 가고 있다.
하지만 코칭의 과정에 있어서 가장 중요한 부분은 실전에 있다.
왜냐하면 탁월한 코치가 되기 위해서는 실전 경험이 많아야 하기 때문이다.

REAL COACHING
실전 코칭

CHAPTER 6

현재 활용되는 리더십 향상 및 동기부여 그리고 문제 해결 방법 가운데서도 코칭은 피코치 혹은 고객의 숨어있는 잠재적 가능성을 깨우고 발휘하도록 돕는 면에서 탁월한 위치에 있다고 해도 과언은 아닐 것이다. 이처럼 코치는 피코치에게 가능성을 있음을 전적으로 신뢰하며 서로 협력하는 파트너십의 구조를 가지고 피코치에게 균형이 잡힌 삶과 비전 성취를 이루도록 돕는다.

여기 배낭 여행을 준비하는 한 학생이 있다고 하자. 그는 여행을 떠나기 전에 이번 여행을 통해서 이루고자 하는 어떤 분명한 목표도 세우기를 원한다. 이러한 경우에 멘토링과 컨설팅 그리고 상담과 코칭은 그에게 어떤 도움을 줄 수 있을까? 예시를 통해서 살펴보기로 하자.

멘토링 : 오랫동안 여행을 해온 경험이 풍부한 사람을 찾아야 한다. 그렇게 해서 여행의 초보자인 멘티는 우선 멘토의 여행 노하우를 전수받는데 집중한다.

컨설팅 : 배낭 여행을 성공적으로 마칠 수 있는 전략과 중간에 발생할 수 있는 문제에 대한 해결책을 제시한다. 또한 그에게 맞는 목표 설정도 정해준다.

상담 : 배낭 여행을 준비하고 진행하면서 발생할 수 있는 심리적인 문제에 대해서 조언해준다. 특히 본래의 목표를 달성하지 못했을 경우를 대비한 심리적인 준비와 이전의 부정적인 경험에 대한 치유를 받게 된다.

코칭 : 배낭 여행을 어떻게 하면 성공적으로 준비하고 마칠 수 있는지에 대해 심층 대화를 나눈다. 준비 과정에서의 있음직한 문제와 최상의 선택지에 대해, 여행중의 문제와 발생할 수 있는 장애물이 무엇인지를 질문하고 스스로 답을 찾도록 한다. 특히 피코치가 자신의 현재 상황을 파악하도록 돕고, 최적의 목표를 찾고 준비할 수 있도록 책임감과 성실성을 고취한다.

1 실전 코칭 A

날마다 다변화되어 가고 있는 전 세계의 코칭 시장의 상황으로 인하여 기존의 라이프 코칭, 비즈니스 코칭, 리더십 코칭, 경영자 CEO 코칭 등은 물론이고 지금은 관계 코칭, 연애 코칭, 학습 코칭 그리고 진로 코칭 같은 다양한 유형의 코칭이 새롭게 자리잡아 가고 있다. 그 중에서 장래의 전공이나 직업, 사회에서의 성공을 바라는 청소년을 대상으로 하는 코칭 분야가 바로 '진로 코칭'이다. 이러한 코칭 과정에서는 코치는 피코치의 적성과 은사, 장래의 직업 환경과 전망 그리고 개인의 비전 등의 요소들이 두루 작용한다는 점을 먼저 이해해야 할 것이다. 그 한 가지 예로서 아래는 대학 졸업을 앞두고 있는 피코치를 돕는 코칭 세션의 예를 보여주고 있다.

진로 코칭 구조

COACHING STRUCTURE	
WHO	진로를 모색하고 있는 청소년을 대상
HOW	상담과 사전 진단(MBTI/DISC) 시행 인터뷰와 코칭 세션 그리고 평가 및 피드백
WHAT	피코치 자신의 강점과 약점 발견 피코치의 인생 가치와 방향 설정 인식 및 행동의 변화, 실천 전략

진로 코칭 대화

코치	안녕 케이티. 오랜만이야. 어떻게 지냈어?
피코치	안녕하셨어요. 코치 선생님.
코치	나도 잘 지냈어. 지난번 코칭 대화 이후로 벌써 2 주나 되었네.
피코치	네. 그 동안 조금 진전이 되었어요.

코치	잘 됐네. 그럼 오늘은 어떠한 주제로 코칭을 진행할까?
피코치	지난 번 마지막에 잠깐 언급했던 부분이 '직업'에 관련된 것이었어요.
코치	그럼 그 이후로 직업에 대해서 알아보기 위해 어떻게 지냈어?
피코치	네. 그 동안 이런저런 생각을 해 보고 자료도 찾아보았는데 아직 확실하게 정하지는 못한 것 같아요.
코치	그래. 그럼 오늘의 주제를 '졸업 후 진로' 라고 해도 될까?
피코치	네. 너무 주제가 맘에 들어요.

코치	좋아. 그러면 첫 번째 질문으로 현재의 상황에서 볼 때 미래의 직업을 확실하게 정하기 위해서는 어떠한 부분이 좀 더 채워져야 할 필요가 있을까?
피코치	제 생각에는 제가 현장 경험이 없어서 결정을 못하는 것 같아요.
코치	'현장 경험'… 그럼, 현장 경험이 줄 수 있는 장점은 무엇일까?
피코치	우선은 그 직업에 대해서 직접 체험을 할 수 있는 것 그리고 좀 더 구체적으로 알 수 있는 것 같아요.
코치	간접 체험 즉 다른 이들에게 이야기를 듣거나 혹은 책이나 인터넷을 통해서 얻는 정보들은 어떻다고 생각해?
피코치	직접 체험보다는 긴장감과 정보력 면에서는 부족한 것 같아요.
코치	그렇다면 지금 4 학년 올라가는 시점에서는 어떠한 방법이 가장 좋을까?
피코치	공부를 하면서 동시에 한 두 가지 정도의 알바 경험을 늘리는 게 좋을 것 같아요.

코치	케이티는 늘 스마트한 것 같아.
피코치	감사합니다.

코치	지금까지 관심을 가지고 있던 분야는 어떠한 분야인지 물어봐도 될까?
피코치	네. 관광 및 호텔에 관심이 있고 또 유학원에 대해서도 관심이 많아요.
코치	유학원? 왜 그러한 생각을 갖게 되었어?
피코치	오랫동안 해외 생활을 하다 보니 자연스럽게 캐나다에 대한 정보도 얻게 돼서 그런 것 같아요.
코치	좋아. 여러 곳에 관심을 갖는 것은 좋지. 하지만 이제 시간이 많지 않잖아.
피코치	네. 벌써 4학년이 되었어요.
코치	이렇게 시간이 부족한 경우에는 어디에 보다 관심을 집중하는 것이 좋을까?
피코치	제 생각에는, 우선은 전공에 관련된 직업에 대해서 관심을 갖고 좀 더 구체적이고 정확하게 알아보는 것인 나을 것 같아요.
코치	그렇다면 전공과 관련된 직업이란 어떤 것을 의미하지?
피코치	호텔 경영이 제 전공이라서 호텔 및 관광회사에서 일하고 싶어요.

코치	그럼 그 외에 오래동안 일하고 싶은 곳이 있다면 어느 분야일까?
피코치	저는 공항이 넘버원이에요.
코치	공항에서 일하는 것이 주는 유익함이 있다면?
피코치	우선은 자유로움요. 해외로 떠나는 사람들을 보면 그냥 흥분돼요.
코치	호호호.. 그리고 다른 즐거움 혹은 유익함이 있다면?
피코치	여행을 떠나는 이들을 보면서 가끔은 도전 정신이 살아나는 것 같아요.
코치	참으로 좋네. 그렇다면 지금 이 시간부터 케이티가 할 수 있는 다음 단계는 무엇이 좋을까?
피코치	이번에 아르바이트 구할 때 공항 쪽에서도 일할 수 있도록 알아보고 싶어요.
코치	공부도 해야 하고, 아르바이트도 해야 하고 바쁘겠네.

| 피코치 | 네. 많이 바쁠 것 같아요. |

코치	그럼 공항 아르바이트를 위한 전략적인 단계가 있다면?
피코치	먼저 인디고 (Indigo) 직업 사이트에 들어가 알아보고, 그 중에서 적어도 5 군데를 고를까 해요.
코치	그 외에 또 할 수 있는 것은 무엇이 있을까?
피코치	그밖에는 곧바로 전화를 걸고 면접 날짜를 정하면 될 것 같아요.
코치	너무 좋은 계획이네. 아주 좋아. 그리고 여기서 이런 질문을 해도 될까? 지금의 시점에서 아르바이트를 알아보는 것보다 더 중요한 것이 있다면 무엇일까? 혹시 놓치고 있는 것이 무엇인지 생각해 볼 수 있겠어?
피코치	아, 맞다. 학교 수업과 과제물의 양 등을 살펴보아야 할 것 같아요. 조금 있으면 학과목 테스트가 여러 개 있어요.
코치	최선을 다하는 케이티이기 때문에 좋은 결과를 기대할께.
피코치	네, 감사합니다.

코치	그러면 내가 오늘의 코칭을 정리해 볼께. 전공과 관련된 호텔이나 관광 회사에서 일하는 것이 좋지만, 오랫동안 꿈꾸었던 그리고 가장 유력한 미래의 직업으로써 공항 쪽에서 일하는 것으로 정하고 오늘부터 공항 알바를 알아본다. 하지만 학과 공부도 소홀히 하지 않을 것이다.
피코치	네. 정확하게 말씀하셨어요. 넘 맘에 들어요.
코치	오늘도 역시 스마트한 피코치였어. 수고했어.
피코치	역시 탁월하신 코치님이세요. 감사합니다.

코칭 분석(Coaching Analysis)

COACHING CONVERSATION	
Goal Setting	● 코칭 주제의 협의 *오늘은 어떠한 주제로 코칭을 진행할까? *오늘의 주제를 '졸업 후 진로' 라고 해도 될까?
Reality	● 현실과 비교 *현재 상황에서 미래의 직업을 확실하게 정하기 위해서 어떠한 부분이 좀 더 구체화되어 할까? *지금 4 학년 올라가는데 지금 시점에서는 무엇에 관심을 가져야 할까?
Options	● 관심 분야 선정 *지금까지 관심을 있던 분야는 어떠한 분야이지? *그 외에 오랫동안 일하고 싶은 곳이 있다면 어느 분야일까?
Will	● 차후 계획 실천 *지금 이 시간부터 케이티가 할 수 있는 다음 단계는 무엇이 좋을까? *그러면 내가 오늘의 코칭을 정리해 볼게.

Memo

실전 코칭 B

코칭에서 코치는 피코치가 주제에 몰입하도록 대화의 분위기를 조성하고 그가 대화를 주도하도록 해야 한다. 적절한 칭찬과 격려는 중요하지만 가장 중요한 요소는 역시 '진실성' 이라고 할 수 있다. 아래에 소개될 비즈니스 코칭에서도 서로가 전적인 개방과 신뢰 가운데서 전체적인 코칭의 프로세스 공유 및 발상의 전환이 절대적으로 필요하다고 보겠다.

비즈니스 코칭의 유형에는 CEO 코칭을 비롯해서 그룹 코칭, 세일즈 코칭, 경영자 코칭 등이 있다. 여기서는 기업의 대표를 대상으로 하는 'CEO 코칭'의 예를 통하여 비즈니스 코칭의 실전 대화에 대해 알아볼 것이다.

CEO 코칭 구조

COACHING STRUCTURE	
WHO	회사의 대표인 CEO 를 위한 코칭
HOW	서포터(supporter)로서 지지와 성장을 추구 비즈니스 컨설턴트로서 사례 분석 및 자료 제공
WHAT	개인과 조직의 성장과 변화를 추구 가능성 발견과 인식의 변화를 통한 동기 유발 진단과 분석을 통한 해결책 제시

CEO 코칭 대화

COACHING CONVERSATION

코치	오랜만에 뵙습니다. 어떻게 지내셨어요?
피코치	잘 지냈습니다. 코치 선생님도 별 일 없으시지요?
코치	네. 덕분에요. 대표님 얼굴이 좋아 보이십니다.
피코치	하하, 감사합니다.

코치	이번 코칭에서 얻고자 하시는 것은 무엇인지요?
피코치	최근에 새로운 사업 투자로 고민하고 있습니다.
코치	아, 그러시군요. 그렇다면 이 코칭을 통해서 얼마나 구체적인 성과를 기대 하시나요?
피코치	투자에 대한 확신을 얻고 싶습니다.
코치	그럼 오늘의 주제를 'A 사업 투자에 대한 확신' 이라고 해도 될까요?
피코치	정확한 표현인 것 같습니다.

코치	현재의 상황을 구체적으로 설명해 주실 수 있으시겠습니까?
피코치	1 년 안에 미국의 A 라는 대학과 협력하여 국내 영어 교육에 참여할 계획입니다. 현재는 계약을 체결해야 하는 시점에 도달한 것 같은데 갑자기 큰 문제에 맞닥뜨리게 된 상황입니다.
코치	그 문제들에 대해서 언급해 주시겠습니까?
피코치	영어 교사 수급에 있어서 커다란 차질이 있어서요. A 대학교 석사 과정을 졸업할 교사들과의 계약에 문제가 있습니다.
코치	계약 문제의 본질은 어디에 있다고 생각하시는지요?
피코치	재정적인 부분에서 합의점을 찾기가 어려운 것 같습니다.
코치	그 외 다른 이유가 있다면요?
피코치	글쎄요. 가치관의 차이가 있는데 생각해 보니 이 문제가 가장 큰 문제인 것 같습니다.
코치	지금까지 그 차이를 줄이기 위해 시도했던 방법들에는 어떠한 것들이 있었나요?

피코치	우선 적극적으로 미국 교사들의 의견을 수렴하기 위해서 한국 본사의 목표와 비전을 수정한 적이 있습니다. 또한 벌써 세 번이나 협상을 하기도 했습니다. 약간은 차이가 줄어든 것 같기도 한데 아직도 갈 길이 먼 것 같습니다.
코치	그렇다면 또 다른 방법이 있다면 무엇일까요?
피코치	이제 남은 방법은 하나 정도 있다고 생각되는데 그건 그들을 다시 설득하는 방법인 것 같습니다.
코치	본사가 고객을 위해 제공할 수 있는 가치가 있다면 그것들은 무엇이라고 생각하십니까?
피코치	솔직히 저희는 영리 회사이기에 이윤 창출이 가장 중요하다고 생각됩니다. 하지만 미국 교사들은 영어 교육의 가치가 가장 중요하다고 하여 서로의 견해가 다르게 나타나고 있습니다.
코치	다시 이렇게 묻고 싶습니다. 지금 하시고자 하는 사업의 목표를 어디에 두고 계십니까?
피코치	첫 번째도 그리고 마지막도 이윤의 극대화입니다.
코치	그렇다면 차이가 전혀 줄어들지 않는 이 상황에서 좀 더 집중해야 할 것과 포기할 수 있는 것이 있다면 무엇일까요?
피코치	음.. 집중해야 할 것은 고객을 확보하기 위한 홍보인 것 같고 그리고 포기할 것은 아마도 교사 수급인 것 같습니다.
코치	그럼 집중할 것과 아웃소싱 할 것이 정해진 것 같이 보이네요.
피코치	네. 그런 것 같습니다. 교사 수급 문제는 전문 기관의 도움을 받는 게 나을 것 같습니다.
코치	교사를 자체 수급 할 경우와 아웃소싱 했을 때의 비용과 교사의 자질을 비교했을 때 어떠할까요?
피코치	교사의 자질 면에서는 큰 차이가 없을 것 같은데, 아웃소싱을 할 경우 비용이 훨씬 높게 나올 것입니다.
코치	아웃소싱을 선택했을 경우 3년 뒤 회사의 모습은 어떠할까요?
피코치	음.. 아마도 재정적인 면에서 어려움을 많이 겪을 것 같습니다. 왜냐하면 타회사에 비해서 비용이 많이 들기 때문입니다.

코치	그러한 상황에 대응할 수 있는 대안이 있다면요?
피코치	물론 경쟁력을 높이는 뭔가를 갖고 있으면 그러한 어려움은 극복할 수 있다고 생각합니다만.
코치	그렇다면 귀사의 핵심 역량은 무엇입니까?
피코치	국내외의 풍부한 네트워크와 고객 관리에 자신이 있습니다.
코치	그럼 향후 어느 곳에 집중할 지 정해진 듯합니다.

피코치	네. 향후 전략 방향을 홍보와 네트워크 강화 그리고 고객 확보 및 관리에 더 투자해야 할 듯합니다.

코치	이러한 인식의 변화와 새로운 방향 설정의 상황에서도 늘 갖고 있는 원칙이 있다면 그것은 무엇입니까?
피코치	재검토와 재조사 그리고 신속한 의사 결정입니다.
코치	그렇다면 코칭이 끝난 뒤 어떠한 단계를 거칠 예정입니까?
피코치	우선 임원진들과의 미팅을 통하여 협의를 이끌어 내고 곧바로 아웃소싱 회사와 계약을 한 뒤 고객 확보를 위해 전념해야 할 것 같습니다.
코치	그렇게 진행하는데 있어서 예측 가능한 장애물이 있을까요?
피코치	크게는 없을 것 같은데, 아마도 임원진들의 완벽한 동의를 얻어 내는 것이 현재 생각나는 큰 걸림돌입니다.

코치	수고하셨습니다. 이번 코칭 세션을 통해서 얻은 것이 있다면 그것은 무엇일까요?
피코치	그동안 너무나도 미국 교사와의 차이점을 줄이려고만 시간을 낭비했던 것 같습니다. 다시 생각해보니 다른 방법도 있었던 것 같습니다.
코치	혹시 제가 도울 수 있는 것이 더 있을까요?
피코치	아니요. 이 코칭 세션을 통해서 투자에 대한 확신을 다시 갖게 되었습니다. 오늘 정말로 감사드립니다.
코치	그럼 2주 뒤 다시 뵙도록 하겠습니다. 수고 많으셨습니다.
피코치	네. 감사합니다.

코칭 분석 (Coaching Analysis)

COACHING CONVERSATION	
Goal Setting	● 코칭 주제 선정 *이번 코칭에서 이루고자 하시는 것은 무엇인지요? *주제를 'A 사업 투자에 대한 확신' 이라고 할까요?
Reality	● 회사의 목표와 현실적 어려움 *현재의 상황을 구체적으로 표현해 주시겠습니까? *지금까지 그 차이를 줄이기 위해 시도했던 방법들에는 어떠한 것들이 있었나요?
Options	● 대안으로서의 아웃소싱 부각 *이 상황에서 좀 더 집중해야 할 것과 포기할 수 있는 것이 있다면 무엇일까요? *아웃소싱을 선택했을 경우 3 년 뒤 회사의 모습은 어떠할까요?
Will	● 새로운 방향을 위한 임원회의 소집 *이번 코칭 세션을 통해서 얻은 것은 무엇인가요? *진행하는데 있어서 예측 가능한 장애물이 있을까요?

memo

3 실전 코칭 C

라이프 코칭은 한 개인의 균형 잡힌 삶의 유지를 위해 그리고 살아가면서 경험하게 되는 다양한 문제나 현실적 과제를 해결하고자 할 경우에 제공되는 코칭이다. 개인이 원하는 바를 이루었거나 이루지 못했거나 간에 우리의 삶은 상당 부분 사회적 압력이나 유행, 체면이나 관습에 영향을 받기 마련이어서 정작 본인의 주체적 인생을 살지 못하는 경우가 많다. 그러므로 사람들에게는 누구든지 인생의 어느 시기에 자신의 삶을 진지하게 검토하고 정신과 육체, 외형과 내면이 균형 잡히고 의미있고 행복한 삶을 살고 싶은 욕구가 나타날 수 있다. 라이프 코칭은 피코치가 자신의 삶을 전반적으로 성찰하고 새로운 목표를 세우고 앞으로 나아갈 수 있도록 하며 이렇게 하여 주도적인 삶을 살 수 있도록 돕는 과정이다.

라이프 코칭 구조

COACHING STRUCTURE	
WHO	삶의 밸런스 유지 및 문제 해결을 원하는 사람
HOW	목표와 현재 상황의 차이를 파악 장애물 인식 및 문제 해결을 위한 대안책 마련
WHAT	라이프 스타일의 재조정 인식의 변화 및 행동 변화를 유도 문제 해결을 위한 지지와 피드백

라이프 코칭 대화

코치	어서 오세요. 처음 뵙겠습니다.
피코치	네. 처음 뵙겠습니다.
코치	소개하신 분을 통해서 간단히 이야기를 듣기는 했지만 실제로 뵙게 되니 더욱 반갑습니다.
피코치	저 또한 코치님을 뵙게 되어 너무 좋습니다.

코치	오늘 코칭에서는 어디에 초점을 맞추고 싶으십니까?
피코치	현재 사업을 확장하는 과정에 있는데 그 쪽에 대해서 이야기를 하고 싶습니다.
코치	오늘 코칭의 과정을 통해서 얻고자 하는 결과는 무엇입니까?
피코치	순조롭게 사업 확장이 진행되면 좋겠고, 그리고 가능하면 온 가족들의 응원도 얻고 싶습니다.

코치	지금의 상황에 대해서 좀 더 자세히 설명해 주시겠습니까?
피코치	요식업 사업을 경기도 일대에 확장하는 과정이라 정신없이 보내고 있습니다. 일주일에 3~4 일은 경기도 포천에서 거주하느라 집에도 못 들어가고 있는 상황입니다.
코치	혹시 사업 확장으로 인하여 바쁘게 지내시면서 놓치고 있는 것이 있다면 무엇일까요?
피코치	요즘에는 건강에 제대로 신경을 못 쓰고 있습니다.
코치	또 다른 것이 있다면 그것은 무엇일까요?
피코치	글쎄요. 음... 가족과의 관계가 좀 서먹서먹한 듯합니다. 요즘엔 제대로 집에 들어가지 못해서 아내가 매우 서운해 합니다.
코치	그렇다면 다시 질문을 바꾸어 볼게요. 가장 먼저 해결하고 싶으신 것은 무엇입니까?
피코치	솔직히 말해서, 가족과의 관계 회복도 중요한 것 같습니다.
코치	그렇다면 오늘 일단 코칭 주제를 '가족과의 관계회복'으로 바꿔도 괜찮을까요? 그리고 만족할 만한 대안이 마련되면 사업 쪽도 병행할 수 있을 것 같은데요.

피코치	네. 그것이 제게는 훨씬 급한 문제인 것 같습니다. 결국은 사업 확장도 따지고 보면 가족을 잘 돌보기 위한 것이니까요.
코치	언제까지 어떠한 상태가 되면 만족하시겠습니까?
피코치	가능하면 빠른 시간 안에 관계 회복이 되면 좋을 것 같습니다.
코치	지금의 상황에 점수를 준다면 1~10 중에서 얼마를 주시겠습니까?
피코치	지금은 3~4 점 정도밖에 되지 않는 것 같습니다.
코치	그렇다면 9 점 정도라면 어떠한 가족의 모습이겠습니까?
피코치	그 정도라면... 주말에 가족 여행도 하고 아내와는 가끔 둘이서 영화 관람도 하는 모습일 것 같습니다.
코치	그렇다면 중간 단계로 7 점 정도라면 어떠한 모습일까요?
피코치	바쁘지만 그래도 가족들이 함께 저녁 식사를 같이 하고 아이들의 학교 생활에 대해 좀 더 참여하는 모습일 것 같습니다.

코치	그렇다면 현재의 점수에서 중간 단계인 7 점으로 가는 과정에는 어떠한 장애물들이 있을까요?
피코치	최대의 걸림돌은 바쁜 사업 일정인 것 같습니다.
코치	대표님의 삶의 가치관에서 가족에 대한 부분은 얼마나 차지하는지요?
피코치	솔직히 그동안 개인적인 성공을 위해서 성실함과 책임감 그리고 열정이 저의 주된 가치관을 차지하고 있습니다. 그러다 보니 가족 문제는 일단 젖혀 두는 습관이 생긴 것 같습니다.
코치	현 상태가 지속될 경우 10 년 뒤의 가족의 모습은 어떠할까요?
피코치	당장 3 년 뒤의 모습만 그려보아도 상당히 혼돈스러울 것 같습니다. 확실한 모습이 나타나지 않네요.
코치	그렇다면... 우선 지금의 상황에서 변화를 줄 수 있는 것이 있다면 무엇이 있을까요?
피코치	아무리 바빠도 매일 집으로 퇴근을 하도록 하는 것. 그리고 주말에는 가족들과 함께 지내도록 노력할 수 있을 것 같습니다.
코치	그 외에 할 수 있는 일로는 무엇이 있을까요?
피코치	가족 회의를 갖는 것도 좋은 방법일 것 같습니다.
코치	참 좋은 아이디어입니다. 어떤 유익이 있을 거라고 보십니까?
피코치	서로 간의 이해와 관심 그리고 사랑일 것 같습니다.

코치	그 외에 지금까지는 한 번도 시도하지 않았지만 꼭 해보고 싶은 것은 있습니까?
피코치	요즘 시대에 보편적인 대화 방법인 전화 및 문자를 통해서 가족들에게 마음을 전하고 싶습니다.
코치	네. 좋은 아이디어입니다. 오늘 코칭 대화를 통해서 참으로 좋은 옵션들을 많이 나눈 듯합니다. 그렇다면 이 중에서 가장 먼저 하실 수 있는 것은 무엇인가요?
피코치	당장 아내에게 전화를 하고 아이들에게는 문자를 넣도록 하겠습니다. 미안하고 사랑한다고 말하고 싶어요.
코치	네~ 대표님의 용기와 결단에 박수를 보냅니다. 그럼 일단 대표님의 방법을 실행해보시고 2 주 후에 사업 확장 부분을 다시 진행을 해보도록 할까요? 수고하셨습니다.
피코치	감사합니다. 그 때 뵙기로 하겠습니다.

코칭 분석 (Coaching Analysis)

GROW MODEL	
Goal Setting	● **피코치의 코칭 주제 요청** *오늘 코칭에서는 어디에 초점을 맞추고 싶으십니까? * 코칭을 통해서 얻고자 하는 결과는 무엇입니까?
Reality	● **주제와 현실 진단 분석** *현재 상황에 대해서 좀더 자세히 설명해 주실까요? *지금의 상황에 점수를 준다면 1~10 중에서 얼마를 주시겠습니까?
Options	● **주제의 변화와 대안 선택** *그렇다면 현재의 점수에서 중간 단계인 7 점으로 가는 과정에는 어떠한 장애물들이 있을까요? *그렇다면 우선 지금의 상황에서 꼭 변화를 줄 수 있는 것이 있다면 무엇이 있을까요?
Will	● **실행 전략과 약속** * 가장 먼저 하실 수 있는 것은 무엇인가요?

memo

코치를 위한 첫 발걸음
EASY COACHING WORKBOOK

EASY COACHING
이지코칭

CHAPTER 7
코치로서의 준비

코치로서 입문한 뒤 더욱 유능한 코치로서 발전해 나가기 위해서
과연 어디에 관심을 기울여야 할까? 또한 코칭의 수행 단계에서
코치가 자신의 존재를 드러내어야 할 상황이나
적극적인 역할을 감당해야 할 시기에 과연 어떻게 타이밍을 놓치지 않고
자신의 역할을 수행할 수 있는 유능한 코치가 될 수 있을까?
그 궁금증을 풀어나가는 이야기를 함께 나누어 보자.

A COMPETENT COACH
코치로서의 준비

CHAPTER 7

본 장에서는 코치로서 입문하여 기초 학습을 해나가는 독자들에게 더욱 유능한 코치로서 발전해 나가기 위해 관심을 기울여야 할 내용들과 기술들에 대해 소개해 보고자 한다. 그러므로 이 장은 특별한 순서 없이 기술될 것이며 독자 여러분은 '더 나은 코치가 되기 위해서 참고하고 앞으로 발전시켜야 할 내용'으로서 책의 부록처럼 사용할 수 있다.

A coach is a gardener, not a builder!

1 유능한 코치로서의 준비

코칭에서의 자각의 문제와 수준

　코칭에 있어서 최상의 출발은 피코치가 자신의 문제점을 정확히 인식한 상태에서 분명한 목표 의식을 가지고 코칭을 시작하는 것이다. 이렇게 준비가 된 피코치를 대상으로 코칭을 시작한다면 코칭의 전 단계가 매우 수월하게 진행될 것이다. 그러므로 코칭의 처음 시작 단계에 있어서 코치는 피코치의 문제점과 최선의 목표를 찾아내는데 집중해야 한다. 고객에게 있어서 문제 인식이 어려운 이유는 대략 다음과 같다.

1. 익숙한 삶의 방식   2. 안전함에 대한 집착
3. 자기 만족   4. 변화에 대한 불안감
5. 지적, 정서적 문제   6. 비현실적인 기대
7. 사람이나 환경에 대한 불신

　코칭 대화를 통해서 비교적 용이하게 이러한 문제들을 파악해 낼 수도 있겠지만 그렇지 못할 경우 코칭의 프로세스는 진전이 잘 되지 않을 수 있다. 그러므로 코치는 피코치가 가지고 있을 수 있는 이점을 염두에 두고 코칭에 임해야 한다. 코치는 피코치의 <자각의 수준>을 높이기 위해 적절하고 강력한 질문을 사용해야 하며 동시에 피코치가 편안한 상태에서 자신을 개방할 수 있도록 분위기를 조성해야 한다. 자각의 수준은 다음과 같이 분류할 수 있다.

1 단계 : 명백한 상황과 의미
2 단계 : 피코치의 접근 거리에 있으나 아직 깨닫지 못한 상황과 의미
3 단계 : 피코치의 의식에서 먼 거리에 있거나 회피되고 있는 상황과 의미
4 단계 : 외적 통찰이 제공되어야만 깨달을 수 있는 상황과 의미

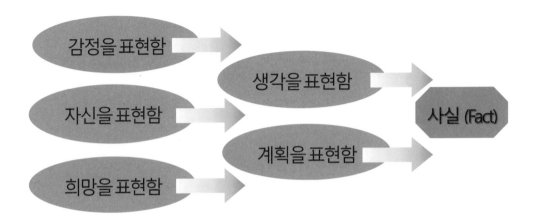

코칭 대화에서 코치는 피코치의 자기 표현을 경청함으로써 함께 코칭의 목표와 방향을 명료화 시킬 수 있다. 앞에 제시한 도표는 피코치가 표현 하는 여러 가지 요소들과 이를 통해서 코치가 피코치의 상태나 목적을 알아 가는 프로세스를 보여준다. 피코치가 대화의 과정에서 표출하는 감정의 유형이나 강도 혹은 다양한 서술 내용 및 기대나 희망을 통해서 코치는 피코치가 당면한 현실과 비전의 실체에 다가갈 수가 있을 것이다.

이때 피코치는 자신의 견해나 철학 혹은 긍정적이거나 부정적인 감정들을 표출할 수가 있고 이것은 코칭의 방향성을 정하는데 중요한 단서들이 된다. 다시 말하자면, 코치는 자신이 가지고 있는 기존의 계획에 의해서가 아니라 철저하게 피코치와의 대화를 통해서 파악된 사실에 근거하여 앞으로의 코칭 수행에서 보다 상호적이고 현실적인 전략을 수립해야 한다는 것이다.

코칭은 앞에서 설명한 바와 같이 상담이나 컨설팅과는 많이 다른 편이다. 그렇다고 해서 코치가 인간 이해나 인간이 처한 실존적 상황 이해에 대해서 전혀 무지해도 아무 상관이 없다는 의미는 아니다. 코치가 전반적인 코칭의 과정을 효과적으로 이끌어가기 위해서 또한 적절한 성과를 거두기 위해서는 인간의 심리나 인간이 처한 실존적 상황에 대한 깊은 이해를 가질 필요가 있으며 다양한 이론에 대하여 두루 섭렵하는 것은 매우 필요하고 도움이 되는 일이라 하겠다.

이를테면 내과 전문의라고 해서 자기가 늘 다루는 위와 장의 특징과 병적 현상에 대해서만 정보를 가지고 있다고 해서 그가 매우 유능한 의사가 되기는 힘들다는 이야기와 마찬가지일 것이다. 인간의 몸은 유기적으로 연결되어 작용하고 있기에 장기들에 영향을 미치는 인체의 요소들은 매우 다양하다. 그러므로 인체에 대한 전반적인 이해를 가지고 있어야만 통합적인 진료와 처방을 내릴 수가 있게 되기 때문이다.

코칭의 대상인 한 개인과 그의 문제들과 목표는 따로 분리할 수가 없으며 따라서 코치는 개인이나 그룹을 대상으로 코칭을 시작하게 될 때, 인간이라는 지구상에서 유일무이한 매우 복잡하고 어려운 존재와 마주쳐야만 한다는 것을 기억해야 한다. 그러므로 코칭에 깊이를 더하기 위해 또한 일시적이고 외피적인 처방이 아니라 보다 근본적인 문제 해결과 목표 달성을 위해서 코치는 인간과 인간사에 대해 더욱 신중하게 접근해야 하며 주변의 학문들을 통해서 많은 도움을 받아야만 한다. 다음은 코치가 가져야 할 사명감을 담은 자기 선언문이다.

● **코치의 자기 선언**

1. 코칭은 한 사람을 변화시킬 수 있다.
2. 코칭은 한 사람을 성공시킬 수 있다.
3. 코칭은 한 사람을 성장시킬 수 있다.
4. 코칭은 한 사람의 문제 해결을 도울 수 있다.
5. 코칭은 한 사람을 좌절에서 끌어올릴 수 있다.
6. 코칭은 공동체를 변혁할 수 있다.
7. 코칭은 가능성의 예술이며 고객에게 매우 좋은 선물이다.

아래의 표는 코치가 피코치의 상태를 파악하는데 도움이 될 만한 질문을 담은 '자기 진단표'이다. 피코치는 각 항목들이 자신에게 얼마나 중요한지에 대해 수치로 표시하고 또한 현재 본인이 성취했다고 느끼고 있는 점수를 기록함으로 그 차이와 객관적으로 점검해 볼 수가 있다. 이를 근거 자료로 하여 앞으로의 코칭을 보다 효과적으로 진전시켜 나갈 수가 있다.

항 목	중요도 점수	현재의 점수
명 예	10 9 8 7 6 5 4 3 2 1	10 9 8 7 6 5 4 3 2 1
성 공	10 9 8 7 6 5 4 3 2 1	10 9 8 7 6 5 4 3 2 1
행 복	10 9 8 7 6 5 4 3 2 1	10 9 8 7 6 5 4 3 2 1
재 물	10 9 8 7 6 5 4 3 2 1	10 9 8 7 6 5 4 3 2 1
사 랑	10 9 8 7 6 5 4 3 2 1	10 9 8 7 6 5 4 3 2 1
안 정	10 9 8 7 6 5 4 3 2 1	10 9 8 7 6 5 4 3 2 1
정 의	10 9 8 7 6 5 4 3 2 1	10 9 8 7 6 5 4 3 2 1
지 식	10 9 8 7 6 5 4 3 2 1	10 9 8 7 6 5 4 3 2 1
가 족	10 9 8 7 6 5 4 3 2 1	10 9 8 7 6 5 4 3 2 1
여 가	10 9 8 7 6 5 4 3 2 1	10 9 8 7 6 5 4 3 2 1
지 식	10 9 8 7 6 5 4 3 2 1	10 9 8 7 6 5 4 3 2 1

코칭의 수행 형태에 따른 코치의 역할

코칭에서 코치의 역할은 기본적으로 조력자이다. 코칭의 전체적인 과정을 통틀어 이것은 기본적인 모드(Mode)로서 탁월한 코치라면 늘 염두에 두어야 할 부분이다. 또한 코치는 기본적인 모드로 회귀하려는 본능과도 같은 감각을 가지고 있어야 한다. 코치는 가르치는 자가 아니며 비교적 많은 인원을 대상으로 실시되는 팀 코칭이나 그룹 코칭에 있어서 조차도 그는 선생이나 리더가 아니다. 코치는 고객의 자기 성찰, 목표 설정, 행동 전략 수립, 실천, 성과 달성 등의 모든 과정에서 고객이 스스로 이 모든 과정을 주도적으로 수행하도록 돕는 자이다. 그렇지만 코칭의 수행 단계에서 코치가 자신의 존재를 더욱 더 드러내야만 할 상황이나 더욱 적극적인 역할을 감당해야 할 시기가 오게 마련이다. 또한 이러한 시기를 구분하여 타이밍을 놓치지 않고 적절하게 자신의 역할을 수행할 수 있는 '코치' 이어야 '유능한 코치' 라고 할 수가 있다.

코칭 과정에서 코치의 역할에 대해 이 책에서는 세 가지로 구분하는데. 곧 묵시적 코칭과 촉진적 코칭 그리고 인도적 코칭으로 나눌 수가 있다.

구 분	묵시적 코칭	촉진적 코칭	인도적 코칭
역 할	거울의 역할	G.P.S 의 역할	Guide 의 역할
개입정도	코치의 존재가 드러나지 않음	코치의 존재가 보다 드러남	코치의 존재가 가장 많이 드러남
자율성	고객의 자율성이 가장 많음	고객의 자율성 중간 정도	고객의 자율성이 줄어듦
잠재요소	통찰력의 제한 분리의 느낌	의존성 증가 가치관 갈등	의존성 증가 혹은 저항

여기서 인도적 코칭이라 부르는 것은 휴머니즘(Humanism) 곧 인도주의 의 의미가 아니며 '앞에서 이끌어간다'는 즉 영어로 말하자면 Guide 의 개념이다.

121

코치들에 따라서는 이 코칭의 수행 단계를 다른 용어로 표현하기도 한다. 예를 들어, 마리아 일리프 우드는 <코칭 프레즌스>라는 책에서 코칭의 수행 형태를 4 가지로 구분하고 있으며 이 책에서 사용하는 인도적 코칭은 <안내 코치 모드>라는 용어로 설명하고 있다.

먼저 <묵시적 코칭>이란 코치가 최대한 자신을 드러내지 않으면서 은연 중에 코칭을 이끌어가는 방법이며, <촉진적 코칭>은 코치의 동기 부여나 조언이 조금 더 부각되는 '코칭 수행 방법' 이라고 할 수 있겠다. 마지막으로 <인도적 코칭>이란 코치가 보다 전면에 자신을 드러내어 개입, 도전, 권고하는 방식이다.

코치는 이러한 단계를 선택적으로 사용하여야 한다. <묵시적 코칭>에서는 코치는 고객의 이야기를 경청하고 고객 스스로 자신을 돌아보고 성찰하도록 반영하고 반사해 주는 거울과 같은 역할을 감당한다. 여기서 거울의 역할을 한다는 것은 그저 기계적으로 고객의 말에 고개를 끄덕이는 것을 의미하지는 않는다. 고객이 자신을 스스로 돌아볼 수 있도록 코치는 긍정과 격려를 기본으로 하는 친밀감과 신뢰감이 유지되도록 하면서 경청과 적절한 질문을 통해 투명한 거울의 역할을 해야 한다. 그렇지 못하면 고객은 자기 개방에 제약을 받거나 통찰의 기회를 얻지 못하여 깊은 자기 성찰을 할 수 없으며 코치와 분리된 느낌을 받을 수도 있다.

<촉진적 코칭>에서 코치는 보다 드러나는 역할을 수행하게 된다. 정보 제공, 동기 부여, 설득, 비유 등을 통해서 고객이 입체적으로 자신과 현실 상황을 파악하도록 하며 합리적인 목표를 세우고 실천 의지를 다지도록 하는 것이다. 이 때 자연스럽게 코치의 존재가 더 부각되면서 고객의 의존성이 높아질 수 있으며 또한 잠재되어 있던 가치관이나 사고방식, 또는 정서적인 문제들이 나타날 수 있다. 코치는 촉진 활동이 어디까지나 고객의 자율성과 책임성을 더욱 장려하기 위한 것임을 잊지 않아야 한다.

<인도적 코칭>은 코치가 보다 적극적으로 고객의 선택이나 방향 설정에 관여하는 방식이다. 이 단계에서 코치는 도전, 피드백, 요청, 재구성 등의 기술을 통하여 코칭을 이끌어가게 된다. 주의해야 할 점은 코치가 전면에 나설수록 고객의 주도성과 책임성이 줄어들고 의존성이 높아질 수 있다는 점과 반대로 코치의 개입에 대한 저항하는 태도를 보일 수 있다는 점이다. 코치는 이러한 가능성에 대해 충분히 이해하고 인도적 코칭이 초래할 수 있는 부정적 영향을 최소화하도록 해야 한다. 이러한 인도적 코칭의 단계에서도 역시 경청과 친밀한 대화를 통한 신뢰 형성은 물론이고 코치의 과정에서 조력자의 역할은 가장 중요한 코칭의 철학임을 잊지 말아야 할 것이다.

코칭에서의 피드백

코칭에 있어서 피드백은 매우 중요하다. 피드백은 고객(피코치)으로 하여금 현재 처해 있는 상황을 보다 분명하게 이해하게 도와주고 여러가지 옵션의 장단점을 비교하여 목표를 달성하기 위한 최선의 태도와 선택을 결정하도록 돕는다. 만일 피드백이 적절한 시기에 적절한 방식으로 주어지지 않는다면 코칭의 열정은 식을 것이며 피코치는 방향을 잃어버릴 수도 있다.

또한 코치는 피드백이 항상 환영을 받는 것은 아니라는 점을 알고 있어야 한다. 고객은 피드백에 대해 반신반의할 수 있고 이의를 제기할 수도 있으며 혹은 저항할 수도 있다. 코치는 이러한 현상이 생겨날 수 있음을 예측하고 있어야 하며 왜 이런 일이 일어나는가에 대해서 분석하고 준비해야 한다.

피드백이 피코치에 의해 쉽게 받아들여 지기 힘든 이유에 대해서 더글러스 스톤과 쉴라 힌 (Douglas Stone & Sheila Heen)은 <하버드 피드백의 기술>에서 적절하게 설명하고 있다. 저자들은 피드백이 필연적으로 일으키게 되는 세 가지 유형의 자극을 잘 이해하고 준비되어야 피드백의 효과를 성취할 수 있다고 조언한다.

진실 자극	피드백 내용 자체가 주는 자극
관계 자극	피드백을 주는 사람과 상황 그리고 방식 등에 따른 자극
정체성 자극	피드백을 받는 사람의 자존심을 건드리는 자극

<진실 자극>이란 피드백의 내용이 명백한 사실을 담고 있더라도 그 자체로 고객은 불편함을 느낄 수 있다는 것이다. 왜냐하면 진실을 받아들일 수 있도록 충분히 준비되지 못한 측면이 누구에게나 있을 수 있기 때문이다. <관계 자극>이란 피드백을 주는 사람과 받는 사람 사이에 발생하는 커뮤니케이션의 문제, 정서적 거리감이나 이질감 같은 것으로 인해 느껴지는 불편함을 말한다. <정체성 자극>이란 피드백을 받는 고객의 존재 의미나 자존심, 가치관, 세계관 등에 쇼크가 가해지는 현상을 의미한다. 코치는 이러한 현상의 가능성에 대해 유의해야 하며 지레 겁을 먹거나 피드백을 주저해서는 안되지만 그 영향을 과소평가해서는 안된다.

<노 피드백>도 피드백의 한 유형으로 간주될 수 있음을 유의해야 한다. 피드백이 없는 것은 고객에게 무관심으로 받아들여질 수 있으며 자기 도취를

용인해주는 메시지로 받아들여질 수도 있다. 또한 <선택적 피드백>은 반드시 피해야 할 유형의 피드백인데, 고객의 단점에만 초점을 맞추거나 정서적 충돌을 회피하기 위해서 의도적으로 단점을 무시하고 장점만을 말해주는 립서비스식 피드백이 그와 같은 것이다. 어떤 경우에도 피드백은 진정성과 진실성을 담아야 하며 피드백의 방식도 효과를 좌우하는 중요한 요소임을 잊지 말아야 한다.

코칭에서의 윤리적 문제

다른 문제 해결 방식과 마찬가지로 코칭에서도 역시 윤리적인 문제에 대한 이해와 준비가 필요하다. 윤리적 문제는 몇 가지 점으로 정리해 볼 수가 있다. 먼저 코칭 당사자 간의 윤리적 한계이다. 코칭은 어디까지나 사람과 사람과의 만남으로 이루어지고 진행되기 때문에 인간관계에서 발생할 수 있는 의존, 과도한 접촉 그리고 정서적 문제가 발생할 수 있다.

두 번째는 피코치에게서 발견되는 비도덕적인 면이나 코치에게 요구되는 비정상적 방법 등이 있을 수 있다. 세번째는 코칭 내용의 발설에 대한 것으로 이 세 가지 면에서 코치는 코칭 계약 단계에서부터 분명한 선을 제시해야 한다. 코칭 협회의 윤리 규정도 이에 대한 명확한 가이드라인을 제시하고 있다. 코칭에서의 윤리 규정은 다음의 내용을 포함한다.

1. 정직의 의무
2. 성실의 의무
3. 비밀유지의 의무
4. 친밀 관계의 한계
5. 이해관계 개입의 한계
6. 부당한 요청에 대한 한계

이해를 돕기 위해 여기 한 가지 사례를 제시하면 다음과 같다. 만일 코칭 과정 가운데 다음과 같은 상황에 직면하게 된다면 코치는 어떤 태도를 취해야 할 것인가?

"A 코치는 현재 어느 프로야구 선수를 코칭하고 있다. 그 프로야구 선수는 성공적인 지난 시즌을 보냈고 금년 년말에 좋은 계약을 새로 맺기 위해 노력 중이었다. 그는 A 코치에게 시간 관리와 인간 관계 향상에 대한 코칭을 의뢰하여 순조롭게 코칭을 수행해나가는 중이었다. 그러던 어느 날 B 선수는 A 코치에게 사실은 자신이 운동 선수가 사용해서는 안되는 금지 약물인 <스테로이드>를 사용 중에 있다고 고백했다. 놀라와 하는 코치에게 그는 신체 보호와 운동 능력 향상을 위해서는 어쩔 수 없었노라고 하면서 자신의 경기력과 성공을 위해서 이런 사실을 묵인하고 계속 도와달라고 요청하였다."

코치가 윤리적 문제에 대해서 준비가 덜 되어 있으면 예기치 못한 사태가 발생할 수 있으며 코치와 피코치에게 코칭의 유익은커녕 돌이키기 힘든 실수와 실패가 닥쳐올 수 있다. 그러므로 코치는 윤리적 문제를 절대로 가볍게 여겨서는 안되며 코칭의 성공에 있어서 가장 기본적인 요소로서 인식하고 준비되어 있어야만 한다.

코치의 인간 이해

코치가 인간 존재를 어떻게 이해하느냐? 혹은 삶을 어떻게 보느냐? 하는 것은 코칭 전반에 지대한 영향을 미친다. 유능한 코치란 인간 존재에 대한 깊이 있는 이해를 기반으로 고칭의 전 과정을 유연하게 이끌어갈 수 있는 사람이다. 이를 테면 <매슬로우의 욕구 이론>은 피코치의 동기가 어디에 머물고 있는지를 파악할 수 있는 매우 좋은 도구가 되며 피코치의 내면을 들여다보면서 적절하게 도울 수 있는 보조 장치 와도 같다. (이 경우 확실히 매슬로우의 욕구 이론을 모르는 코치보다는 더 효율적으로 반응할 수 있을 것이다.) 또한 에로스와 타나토스의 2 가지 상반된 충동에 대해서 알고 있는 코치는 고객이 보이는 특별한 반응에 대해 훨씬 수월하게 이해할 수 있을 것이며 또한 대응할 수 있게 될 것이다.

물론 코칭은 상호성을 기반으로 하기 때문에 피코치의 철학과 가치관도 코칭 과정의 전반에 큰 영향을 미칠 수가 있다. 코치는 코칭이 단순히 개인의 문제 해결이나 성과 향상을 위한 기법일 뿐만이 아니라 사회와 공동체에 기여해야 한다는 면에서의 사회적 책무에 대해서도 상당한 이해와 인식을 가지고 있어야 한다. 인간 이해에 대한 심리학적 실존적 이론들은 너무나 광범위한 내용들을 포함하고 있기에 여기서 다룰 수는 없을 것이다. 여기서는 다만 개략적인 설명을 통해서 더 유능한 코치가 되기 위해서 관심을 가지고 공부해 나가야 할 영역으로서 인간의 심리학적 실존적 이해의 분야가 있다는 것을 짚고 넘어가는 것으로 만족해야 할 것이다. 저명한 심리학자 칼 융의 정신분석학 이론을 일부 소개하는 것을 통해서 유능한 코치로서의 과제를 던지고자 한다.

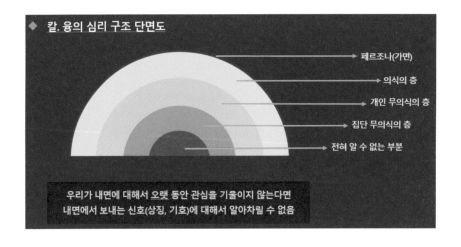

정신분석 학자인 칼 융은 인간의 내면을 마치 인간의 신체를 해부하여 들여다보 듯한 단면도로 소개하였다. 그가 제공해 주는 인간 내면의 구조를 통해서 우리는 고객에게서 어떤 면이 활성화되고 있는지 혹은 어떤 면이 은폐되고 있는지에 대해 대략 눈치챌 수가 있는 것이다. 코칭은 심리 상담은 아니지만 인간 이해에 있어서 심리학은 매우 깊이 있고 유용한 정보와 조언을 제공해준다. 코칭이 단순한 성과나 목표 달성을 위한 도움이 아니라는 것에 대해서는 <리더십 코칭>의 저자 토니 스톨츠퍼스 (Tony Stoltzfus)의 충고를 주의 깊게 듣는 것만으로도 충분하리라 생각한다.

"만일 당신이 고객을 단기간에 돕고자 한다면 문제 해결에 초점 맞추라. 그러나 그의 인생을 걸고 근본적으로 변화하는 것을 보고 싶다면 새 사람을 만드는데 집중하라"

또한 정신분석학은 코칭의 핵심이라고 할 수 있는 "고객의 잠재성 개발"이나 "고객은 문제 해결에 있어서 그 누구보다도 유능하다. 왜냐하면 문제 파악이나 해결의 자산 보유자 그리고 실천과 성취의 당사자라는 점에서 그 누구도 고객 자신보다 나을 수 없다"는 이론에 영감을 주며 동시에 코치가 더욱 전념해야 하고 유의해야 할 부분이 무엇인가를 잘 가르쳐주고 있다.

스마트(SMART) 원칙

    <스마트 원칙>은 기독교 상담학계의 거장이며 코칭학의 권위자로 널리 알려져 있는 게리 콜린스 (Gary. R. Collins)의 베스트 셀러인 <코칭 바이블>에 소개된 코칭의 실천 전략 용어이다. 'SMART' 라는 말은 합성어로서 Specific (구체적인), Measurable (측정 가능한), Attainable (달성 할 수 있는), Relevant (관련성이 있는) 그리고 Time-bound (시간이 정해져 있는)의 영문 단어 첫 글자를 따서 만든 용어이다.

SMART 원칙

Specific	구체적이어야 함
Measurable	측정 가능해야 함
Attainable	달성 가능해야 함
Relevant	자신의 목표 달성과 관련이 있어야 함
Time-bound	완료 시한을 명확히 설정해야 함

    코칭에서의 목표 설정과 실천 전략의 수립에 있어서 중요한 점은 추상적이고 이상적이어서는 안되며 현실적이고 구체적이어야 하고 수치로서 확인이 가능해야 한다는 것이다. 이를테면 '최선을 다한다' 혹은 '집중한다' 라는 표현은 '1 주일에 2 번을 실천한다'는 식으로 바뀌어야 한다. 또한 자신의 목표와 관계가 먼 실천 사항은 피동적인 행동으로 나타나며 완료 시간이 정해지지 않은 실천 전략은 집중도를 현저히 떨어뜨릴 수 있다. SMART 원칙은 이와 같은 점들을 분명하게 상기시켜준다.

2 코칭의 외적인 요소들

    코칭을 수행하는데 고객을 둘러싸고 있는 외적인 환경에는 문화, 전통, 금기, 미신 등이 있다. 이러한 요소들은 고객의 사고 및 결정에 크게 영향을 미친다. 또한 코칭이 지향하는 합리적 선택이나 책임성에도 문제를 야기할 수 있다. 코치는 고객에게 영향을 줄 수 있는 이러한 요소들에 대해 인식하고 있어야 한다. 예로서, 아래 질문들은 고객에게 영향을 미치는 요소들에 대한 것들이다. 이 질문의 유형들 속에는 조직의 전통, 규범, 문화 등이 포함되어 있음을 알 수가 있다. 이러한 질문들은 공적으로 제시될 수도 있고 개인의 의식 속에 잠재되어 있기 때문에 의사 결정에 심대한 영향을 끼칠 수도 있다.

● 관련된 질문들

1. 이것은 우리가 해오던 것인가?
2. 이사회 구성원(Board of Directors)이나 보스가 좋아하는 방향인가?
3. 너무 앞서 나가는 것은 아닌가?
4. 이것은 안전한 방식인가?
5. 예산 절감에 역행하지 않는가?
6. 기업이나 단체의 이념과 어긋나지는 않는가?
7. 다른 기회에 다루는 편이 좋지 않은가?

    한 사회나 조직의 통념이나 규범, 가치와 같은 요소들은 알게 모르게 구성원들의 사고와 행동 양식에게 영향을 미치며 코칭에 있어서의 고객에게도 예외가 아니다. 이러한 요소들은 경우에 따라서 목표 설정 자체에 문제를 가져올 수도 있고 또한 실천 과정에서도 영향을 끼칠 수가 있다. 그러므로 코치는 고객이 속해 있는 조직이나 공동체의 문화 그리고 전통에 대해 관심을 가져야 하며 이러한 요소들이 코칭 과정에 어떠한 영향을 미치는지 여부에 대해 주시해야 한다. 아래의 표는 어떤 사회의 전통이나 금기 혹은 체면과 같은 요소들이 구체적으로 어떠한 영향을 미칠 수 있는지를 보여준다.

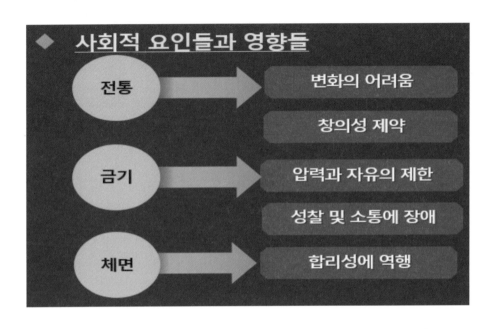

문화의 영향

　인간은 문화를 만들고 문화에 영향을 받는다. 사람들이 사는 곳에는 문화가 형성되고 사람들은 문화를 통해서 공동체성과 자기 정체성을 인식하며 삶의 의미를 추구한다. 한 개인이 문화의 영향을 벗어나는 것은 쉽지 않다. 코치는 고객이 속해 있는 공동체나 조직의 문화를 파악하고 코칭에서 고려해야 할 요소가 있는지를 찾는 것이 좋다. 문화를 구성하는 요소에는 언어, 의례, 신앙, 관습, 규범 및 예술 등이 있지만 코칭에서 관심을 가져야 할 요소는 광의의 문화보다는 작은 단위의 조직이나 공동체와 관련된 것이라고 할 수 있다.

　어떤 경우에는 고객의 행동 양식이나 가지고 있는 목표가 조직의 문화와 배치되기도 하며 문화에 정면으로 도전해야 할 정도로 어려운 문제일 수가 있다. 이럴 때에는 과연 문화와 대결하는 것이 가능한 것인지, 효과적으로 문화에 대응하는 방법이 있는지를 모색해야 할 것이다. 그렇지 않는다면 코칭 자체가 더 이상 진전되지 않을 수도 있다. 어떤 경우에는 고객이 가지고 있는 목표가 문화와 관련성이 있음을 인지하지 못하고 있을 수도 있다.

물론 일차적으로는 이러한 문화의 부정적 영향에 대해 도전하고 목표를 향해 나아가는 것은 고객의 역할이며 책임이다. 그러나 코칭의 수행 과정에서 어떤 경우에서든지 코치가 고객의 문제에 관련되지 않을 수 없기 때문에 코치는 이러한 요소들에 대해 이해할 필요가 있다. 아래는 우리 사회에 형성되어 있는 문화의 유형을 예로 든 것이다.

문화의 유형

1. 대학 문화   2. 교육 문화   3. 직장 문화
4. 음주 문화   5. 여가 문화   6. 교통 문화
7. 경조 문화   8. 체면 문화

코칭 고객이 예술이나 사회적 규범 같은 광의의 개념을 가진 문화와 대결할 경우는 거의 없을 것이다. 그보다는 <촌지 문화>, <군대 문화>, <가부장적 문화> 및 <체면 문화>와 같이 범사회적으로 인정되지는 않지만 개별적으로는 강력하게 통용되는 보다 작은 단위의 문화와 관련될 경우가 훨씬 많을 것이라고 여겨 진다. 앞에서 언급한 고객을 둘러싸고 있는 외적 환경으로서의 전통과 금기 혹은 미신 등도 지대한 영향을 미칠 수 있다.

코칭의 내적인 요소들

트라우마

　앞에서 고객의 문제를 해결하고 목표를 향해 나아가는데 장애가 될 수 있는 외적인 요소들에 대해 살펴보았는데 여기서는 보다 개인적인 문제의 유형들을 살펴보고자 한다. 이 유형에 속하는 것들은 트라우마, 기질, 심리적인 문제 등을 들 수가 있다.

　그 중에서도 <트라우마>는 요즘 폭넓게 사용되는 용어로서 살아오면서 겪은 폭력이나 학대 혹은 실패나 좌절이 개인의 마음에 뿌리 깊게 박혀서 지속적으로 부정적인 영향을 미치는 것을 말한다. 그 대표적인 사례로서 아프가니스탄 혹은 이라크 전쟁에 참가했다가 귀환한 미군 장병의 상당수가 심리적 고통을 당하고 있다고 보도된 바가 있다.

　또한 성장 과정에서 가정이나 학교, 동년배 모임이나 직장에서 당한 조롱이나 학대는 이후에 불안이나 자학, 무력감, 부정적 자아상 등으로 영향을 미친다. 코치는 이런 트라우마의 영향이 고객에게 나타나는지 면밀히 살펴보고 이것을 피코치가 극복할 수 있도록 조력해야 할 것이다. 트라우마는 그 자체로 코칭의 주제가 될 수 있으며 다른 목표를 가지고 코칭을 진행하는 가운데 극복해야 할 장애로 부각될 수도 있음을 기억해야 할 것이다.

선입견과 편견

　모든 사람들에게 가장 일반적으로 나타나는 것은 선입견과 편견일 것이다. 선입견과 편견은 인종간, 지역간, 세대 간에 폭넓게 나타나는 현상이다. 이를 테면 선입견이란 본인이 상황이나 사람에 대해서 직접적으로 경험하지 않은 상태에서 먼저 접하게 된 정보나 자의적으로 형성된 생각이나 관념이다. 이러한 선입견이 실제의 체험을 통해서 합리적으로 교정되지 않거나 혹은 체험의 기회가 없이 부정적으로 고착된 상태를 유지하게 된다면 이것을 편견이라고 할 수 있다. 이 두 가지 모두가 고객의 사고를 왜곡할 가능성이 있다.

　코칭은 선입견이나 편견을 교정하는 것이 직접적인 목적은 아니지만 이러한 요소들을 전혀 무시할 수는 없다. 그러므로 코치는 고객의 개인적인 선입견이나 편견 그리고 고객이 속해 있는 집단에 작용하고 있을지도 모를 동일한 요소들이 있는지를 파악 및 고려하여 고객의 성취와 성장을 도울 수 있어야 한다.

선입견	편견
✓ 먼저 일어난 사건에 영향	✓ 개인의 경험, 가치관에 영향
✓ 들은 정보에 영향	✓ 개인의 이익, 정서와 더 관련
✓ 본인은 객관적이라고 믿음	✓ 객관적보다는 심리적
✓ 긍정적/부정적 양면성	✓ 주로 부정적
✓ 사회성, 방어적 성향 양쪽 관련	✓ 공격적, 방어적 성향 양쪽 관련

합리화

합리화 또한 코칭에서의 극복해야 할 점으로 나타날 수 있는 내적인 특징이라고 할 수 있다. 합리화는 코칭의 목표를 좌절시킬 수 있으며 애초에 고객의 목표 설정을 어렵게 만들 수도 있다. 합리화는 그 특성에 따라 단순화, 일반화, 최소화, 미화 등으로 나누어 설명할 수 있다. 다음의 사례에서 이와 같은 현상의 전형을 살펴볼 수가 있다.

> A 학생은 2 년에 걸쳐 학교 평점을 4.5 점 만점에 2 점 이하로 받았다. 이 점수는 다른 동급생에 비교하면 평균 1 점 이상 낮은 점수였다. 동급생 평균 점수는 3.2 점이었다. 다음은 친구와의 대화내용이다.

● 대화 내용

1. "겨우 2 년 동안 점수니까 괜찮아. 대학 졸업이 아직 멀었는데" (최소화)
2. "선배들이 말하는데 군대를 마친 뒤에야 진짜 대학 생활의 시작이라고 하더라구." (단순화)
3. "스티브 잡스나 빌 게이츠처럼 성공한 사람들도 대학생활은 하지 않았거나 시원찮았잖아" (미화)
4. "누구나 1 학년 혹은 2 학년 때에는 대학생활을 즐기며 천천히 시작하는 거지. 그렇지 않아?" (일반화)

● 분 석

1. '최소화'란 2 년 동안의 점수이고 아직 대학원까지는 4~5 년의 기회가 있으므로 자기의 성적의 결과를 가급적 축소하려는 것이다.
2. '단순화'란 몇몇 선배들의 이야기를 들면서 진짜 대학생활은 군대 갔다 와서부터 라고 스스로 위안하고 있다. (대학 생활에 가짜와 진짜가 있을 수 없다.)
3. 미화의 특징은 크게 성공한 사람들도 대학생활이 시원치 않았다고 하면서 자신도 그들과 같이 성공할 것이라고 스스로 위안하는 것이다.

4. '일반화'란 한 두 사람의 경우를 확대하거나 혹은 대학 1~2년의 성적이 시원치 않은 것이 모든 학생들의 일반적인 현상인 것처럼 보는 것이다.

● 트라우마와 합리화 위험을 극복한 사례

곤돌리자 라이스는 원래 피아니스트가 꿈이었다. 그런데 십대 소녀 때 자기보다 훨씬 어린 소녀가 자신이 치기에 버거워하던 피아노 곡을 아주 쉽게 연주하는 것을 보고는 충격과 좌절을 맛보았다. 그녀는 자신이 피아노에 소질이 없다는 것을 깨달았다. 곤돌리자 라이스는 고민 끝에 피아니스트의 꿈을 접고 국제정치학에 입문하였다. 그 후 라이스는 학문에 정진하여 우수한 성적으로 졸업하였고 스탠퍼드 대학의 최연소 부총장을 역임하고 미국의 국무장관까지 올랐다.

그녀는 지금도 피아노를 치면서 작은 합주단을 만들어 음악을 즐기고 있다. 자칫하면 그녀는 피아노에 소질이 없다는 사실 때문에 좌절감과 무력감에 빠질 수가 있었고 그것은 인생에 있어서 큰 트라우마로 남을 수가 있었다. 또한 그는 이러한 실패에 대하여 그 의미를 애써 축소하거나 미화하는 등의 자기 합리화에 빠질 수도 있었다. 그러나 용기있게 사실을 직면하고 새로운 목표를 설정하여 도전을 거듭하여 놀라운 성취를 이뤄낸 것이다. 이는 참으로 트라우마를 어떤 방식으로 극복해야 하는가에 대해 큰 교훈과 영감을 주는 사례가 아닐 수 없다.

4 코칭 과정의 문제들

앞에서는 코칭에서 영향을 끼칠 수 있는 외적 환경으로서의 문화와 고객의 의식에 영향을 끼치는 개인적인 요소들에 대해서 알아보았다. 여기서는 코칭의 과정에서 나타날 수 있는 문제들과 이 때에 적용할 수 있는 코칭의 기술들 몇 가지에 대해서 알아보고자 한다. 먼저 아래는 발생 가능한 예들이다.

1. 고객의 저항이 나타남
2. 고객의 회피가 나타남
3. 고객이 방어적이 됨
4. 고객이 대화를 독점함
5. 고객의 조바심이 관찰됨
6. 고객의 자율성이 현저히 떨어짐
7. 고객의 정서적 혼란이 심해짐
8. 의도하지 않은 상황 변화가 일어남
9. 커뮤니케이션에 문제가 야기됨
10. 다른 목표 혹은 대안이 부각됨

고객의 저항과 반발, 주의 산만 등이 나타나는 이유는 여러 가지 요인이 있을 수 있다. 이러한 상황에 익숙하지 않은 코치라면 누구나 적지 않게 당황하게 될 것이다. 코치는 코칭 과정에서의 이러한 장애 요소들이 고객의 가치관의 갈등에 기인하는 것인지, 변화된 상황 때문인지, 시간 사용의 우선순위 문제에서 비롯된 것인지 혹은 강력한 인간적 도전에 직면한 것인지를 세밀하게 파악해야 한다. 하나의 사례를 들어보도록 하겠다.

> A 코치는 B 고객의 성과 향상을 위한 코칭을 진행하고 있었다. B 고객은 강북의 한 지점 대리를 하고 있었는데 갑작스럽게 강남 지점으로 전근을 가게 되었다. B 고객은 코칭이 유익하다고 여겨 계속 A 코치에게서 코칭 받기를 원했다. A 코치는 B 고객이 새로 근무하게 된 강남 지점에서 상대하는 고객들의 니드/성향이 이전 강북 대리점과는 상당히 다르다는 것을 파악했다. 또한 지점장 업무 스타일도 매우 달랐다.

위의 사례는 코칭 과정의 장애에서 비교적 이해하기에 어렵지 않은 외적 상황의 변화의 예에 속한다. 곧 코칭을 받는 고객의 니드는 변하지 않았으나 근무지가 바뀌었기 때문에 성과 향상을 원하는 고객의 목표, 시간 사용 문제 및 실천 전략을 새롭게 검토할 필요가 생기게 된 것이다. 코칭 과정에서 발생하는 장애물을 해결하기 위한 방법들을 몇 가지 소개해보고자 한다.

전환의 방식

특정 고객이 그룹 코칭이나 팀 코칭 등에서 대화를 독점하려는 경우는 종종 발생한다. 그 이유는 에너지와 자신감이 넘치는 고객일 경우, 권위적이고 지배적인 고객일 경우와 반대로 자존감이 떨어지거나 다른 심리적인 요인을 가진 경우도 있다. 이러한 때에 코치가 나서서 개입해서 발언을 제지하거나 제약을 하게 되면 분위기가 어색해지거나 본인이 무안해서 코칭 과정에서 이탈하게 되는 경우까지 발생할 수 있다.

이 때에는 전환의 방법을 사용할 수 있다. 구체적으로는 몇 가지를 들어보면 다음과 같다. (A) 의견 제시를 구두가 아닌 종이에 적게 한 다음 서로 돌려서 본인이 아닌 다른 사람이 발표하게 하는 방법, (B) 구성원간에 책임을 주어 시간이 다되었음을 알리게 하는 방법 그리고 (C) 발표하는 사람 앞에 모래시계를 놓게 하여 스스로 시간을 지키도록 하는 방법이 있다. 모래시계를 사용하는 방법은 이밖에도 다음과 같은 이점이 있다.

1. 그룹 대원들에게 시간 관념을 심어준다.
2. 시간 내에 발표를 소화하기 위해 미리 가다듬어 명확성을 기한다.
3. 그룹 대원들의 집중도가 높아진다.
4. 끼어들기를 방지한다.
5. 책임감을 증진한다.

연결의 기술

연결의 기술은 그룹 코칭이나 팀 코칭에서 서로 비슷한 관심사를 가지고 있는 사람들끼리 관련지어주는 것으로서 코칭 세션의 역동성과 흥미를 높여주는 방법이다. 서로 비슷한 상황에 처해 있거나 특정 주제에 관심과 열의를 보이는 사람들을 이어줌으로써 공감대가 높아지고 주제를 심화시켜 나가도록 하는 것이다. 본인들은 물론 이를 지켜보는 다른 코칭 참여자들도 보다 흥미진진하게 또한 깊이 있게 주제에 몰입해들어가는 효과가 있다. 연결지어지는 사람들은 자신의 견해나 문제가 본인만의 것이 아니라 타인들도 가지고 있는 문제라는 것을 깨닫게 되며 동질감과 일체감이 더욱 공고해질 수가 있다. 또한 이 방법은 코치에 대해 저항이나 무관심한 반응을 보이는 사람들을 코칭에 깊이 끌어들이는 방법으로 사용하여 좋은 효과를 가져올 수가 있다.

● 사 례

코 치 : (대화에 적극적으로 참여하지 않고 방관자적 자세를 취하고 있는 김과장에게) 과장님은 지금 진행되는 대화와는 조금 다른 생각을 가지고 있는 듯 한데요? 이 방면에는 베테랑이실 테니까 한번 의견을 내주실 수 있으신지?)

김과장 : 사실은 저희가 지금 나누고 있는 이 대화가 성과 향상에 진실로 도움이 될 수 있을지 잘 모르겠습니다. 리더십이나 업무능력은 단기간에 생기는 것은 아니라는 것이 제 생각입니다.

코 치 : (눈을 반짝거리며 김과장의 애기에 귀를 기울이고 있는 박과장에게) 과장님은 어떤 의견을 가지고 계시는지요? 저도 김과장님의 이야기가 전혀 틀린 것이 아니라는 생각이 들긴 하는데요.

박과장 : 네. 저도 처음에는 이런 코칭에 대해서 조금 회의적이었습니다. 김과장님이 말한 것처럼요. 그런데 몇 번 참여해보니 업무능력과 리더십에 대한 이해도를 높이는 일과 우리 조직원들의 상호 이해도 그에 못지 않게 중요하구나.. 라는 생각을 하게 되었습니다.

코 치 : 네. 그러시군요. 김과장님께서는 어떻게 생각하십니까?

김과장 : 네. 저도 박과장님 이야기에 동의합니다. 리더십이나 업무 능력도 일에 대한 이해도와 근무 태도와 많이 관련되어 있다고는 생각합니다.

코 치 : 네. 감사합니다. 그럼 다음 세션에서 김과장님이 가지신 <리더십에 대한 견해>를 한 번 소개해 주시는 게 어떨까요? 많은 도움이 될 것 같아요.

김과장 : 네. 한 번 준비해 보도록 하겠습니다.

재구성 기법

　　<재구성>이란 고객이 자신의 상황에 대해서 실망하거나 불안해 할 때 고객이 처한 상황을 새로운 관점에서 재해석하여 다른 이야기로 만들어 내는 것을 일컫는 말이다. 즉 <재구성> 기법은 고객이 주제에서 벗어나거나 혹은 의식적이든지 무의식적이든지 회피하거나 저항할 때 또는 무기력한 모습을 보일 때 긍정적인 방향으로 전환시킬 수 있는 방법이다.

● 사 례

고　객 : 우리 회사가 작년 매출 총액이 전체 경쟁 회사들 가운데 5 위를 했습니다. 3 위권 도약을 목표로 1 년 동안 온 힘을 기울였는데 목표를 이루지 못해서 많이 실망했습니다.

코　치 : 네. 선생님께 작년이 매우 중요한 한 해이셨군요. 그런데 경쟁하는 분야의 동종 업체들이 몇 개나 되나요?

고　객 : 30 개 업체 정도 되는 것으로 알고 있습니다.

코　치 : 업체들이 생각보다 많네요? 그 많은 업체 가운데 5 위를 한 것도 제 생각으로는 대단한 성과라고 생각되는데요. 회사원들은 어떻습니까? 자긍심을 느끼지 않을까요?

고　객 : 네. 저희 회사 직원들 또한 이번에 매우 높은 자긍심을 보였습니다.

코　치 : 그렇군요. 선생님 회사가 다른 기업이 갖지 못한 장점이 많을 듯 합니다. 올해는 더 나은 성과를 거둘 방법을 찾아보는 것은 어떨까요?

고객 : 네. 좋습니다. 그렇게 하도록 하겠습니다.

코칭 입문자를 위한 가이드북
EASY COACHING '부록편'

코칭의 질문

Asking vs. Telling

	Support by Asking	Support by Telling
He is the expert	Coach	
I am the expert	Counselor	Teacher Advisor Consultant

'질문하는 것'과 '지시하는 것'은 분명 차이가 있다. 피코치를 전문가로서 인정하는 코칭과 상담자 본인이 전문가인 상담에서는 주로 질문을 이용하여 대화의 프로세스를 진행시키는 반면에, 교사와 어드바이저 및 컨설턴트는 본인들이 전문가로서 지시 혹은 답을 전달함으로써 진행하는 차이가 있다.

이러한 비교를 기업의 코칭 사례에서 살펴보면 아래의 표와 같다.

기업의 사례	Leading by Asking	Leading by Telling
Traditional Way		CEO-centered Most K-companies
Coaching Way	Leaders-centered Nissan IBM LG / POSCO	

회사의 대표를 중심으로 혹은 대부분의 한국적 기업들은 대화의 흐름이 전통적인 방법 즉 지시를 위에서 아래로 전달함으로써 이루어지지만, IBM 및 코칭이 발달된 LG 및 POSCO 등의 국내 회사에서는 리더 중심의 코칭식 대화가 발달되어 있다.

DISC Model

코칭 훈련에 자주 등장하는 필수적인 성격 분석 및 행동 패턴 중의 하나가 바로 DISC Model 이다. 일반적으로 사람들은 주변의 환경에 따라 혹은 유전적으로 자신만의 독특한 행동 패턴을 가지게 된다. 이를 4 가지로 나누면 아래의 표와 같이 주도형(Dominance), 사교형(Influence), 안정형(Steadiness) 그리고 신중형(Conscientiousness)으로 나눌 수 있다.

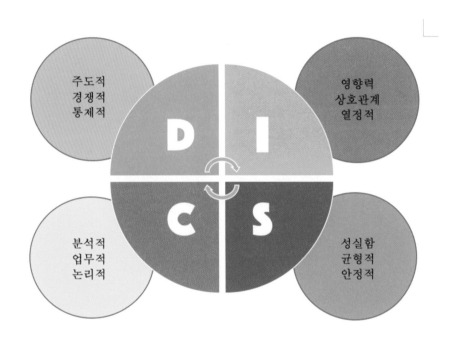

주도형: 매우 자기 주도적이며 확고한 성향
사교형: 융통성을 갖추고 있으며 사교적인 유형
안정형: 큰 변동없이 늘 안정적인 유형
신중형: 모든 일을 신중하게 처리하는 유형

    코칭의 과정에서 DISC Model 을 사용하는 이유는 코치는 물론이고 피코치의 성격 및 행동 패턴을 파악함으로써 코칭의 커뮤니케이션 과정에서 서로를 더 잘 이해할 수 있도록 하는데 그 목적이 있다. 또한 DISC 테스트는 보통 90% 이상의 정확도를 나타내고 있으며, 이를 통해서 대화의 스킬 및 관계성을 향상시키며 특히 목표를 정하고 전략을 수립하는데 탁월한 효과를 기대할 수 있는 브릿지(bridge) 역할을 할 수 있다.

피코치가 주도형일 경우 코칭의 대화는 보다 적극적이고, 목소리를 조금 크게 하며 동시에 다이내믹한 대화가 어울릴 것이다. 또한 사교형일 경우에는 수용적이면서 동시에 삶 중심의 대화를, 안정형일 경우에는 부드럽고 주의 깊은 대화를 선호할 것이며, 신중형인 피코치들에게는 좀 더 분석적이고 업무지향적인 대화의 틀이 어울릴 것이다.

4 차 산업혁명과 코칭의 시대

디지털 혁명으로 인하여 예전과는 달리 모든 일에 있어서 선택의 폭도 넓어지고, 다양한 의견과 생각으로 인하여 소통의 능력이 없이는 서로를 이해할 수 있는 방법이 거의 없게 되었다. 이러한 상황에서 가장 요구되는 리더십은 무엇일까? 아마도 서로의 차이를 이해하고 인정하는 소통의 리더십일 것이다.

특히 그 중심에 있는 '코칭'의 역할은 더욱 중요해 질 수 밖에 없는 상황이 되었다. 그럼으로 '당신의 삶의 목적은 무엇입니까?' '어떻게 그 목적을 달성하고자 하십니까?' '해결하고자 하는 길에 방해물은 없는지요?' 등과 같은 질문을 통해서 한 사람의 삶을 변화시킬 수 있는 코칭의 힘은 상상 그 이상이다. 그래서 코칭을 탁월한 '리더십의 기술'이라고 말하기도 한다.

포스트 모더니즘 사회

포스트 모더니즘 사회에서는 '절대적인 진리' 라는 것은 찾기 힘들다. 다양한 선택과 결정이 존재함으로 인하여 한 그룹의 리더는 이제는 더 이상 독단적인 결정을 내리기보다는 권한을 위임하게 되었고, 단순히 지시만 내리기보다는 직접 참여해야 하는 상황이 되었다. 이러한 상황하에서는 리더는 팔로워들(followers)이 생각의 변화를 경험한 뒤 스스로 움직이게끔 변화시키는 '코칭'이 효과적인 방법으로 떠오르고 있다.

코칭의 과정에서 코치는 집중적으로 경청하고 탁월한 질문을 던짐으로써 새로운 리더들을 세우고 기존의 리더들이 더욱 온전한 리더십을 갖추도록 돕는 변혁적인 도구이다. 이는 코칭 리더십이야말로 포스트 모더니즘 사회에 있어서 개인적으로 혹은 팀으로도 훈련이 가능하며 이 코칭의 과정을 통하여 인식과 행동의 변화를 이끌어내는 변혁적인 접근법임에 틀림없다.

All About Me

Draw yourself and Answer to the Questions

Draw yourself

1. 지금의 당신의 모습에 얼마나 칭찬하고 싶습니까?

2. 지금까지 했던 일들 중에서 가장 칭찬하고 싶은 일은 무엇일까요?

3. 1년 뒤 당신의 모습을 그린다면 어떤 모습일까요?

4. 10년 후 당신은 과연 무엇을 하고 있을까요?

5. 이 과정을 통해 꼭 이루고 싶은 것이 있다면 무엇일까요?

My Conversation Style

당신의 대화 스타일은 어떠한가요? 친구같은 대화 스타일일까요
아니면 선생님과 같은 대화 스타일인가요? 잠시 상대방과 이야기를 나누는
시간을 통하여 그 사람의 대화 스타일의 특징을 아래에 메모하고
함께 나누도록 하겠습니다.

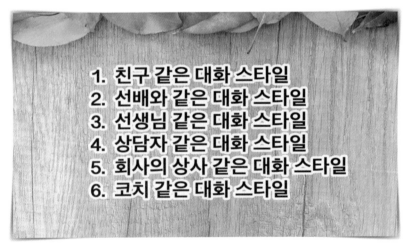

1. 친구 같은 대화 스타일
2. 선배와 같은 대화 스타일
3. 선생님 같은 대화 스타일
4. 상담자 같은 대화 스타일
5. 회사의 상사 같은 대화 스타일
6. 코치 같은 대화 스타일

COACHING AGREEMENT

코칭 세션에 들어 가기 전에 코치와 피코치는 서로가 코칭 세션에 대해서 동의하는 과정을 거치게 된다. 이때 가장 마지막에 '코칭 동의서'라는 서류에 서명하는 단계를 거치게 된다. '코칭 동의서'는 피코치의 개인적 프로젝트 혹은 기업의 목표를 수행하는데 있어서 코칭의 윤리규정에 기초하여 코치와 피코치 사이에 상호이해를 바탕으로 코칭이 진행됨을 확인하기 위함이다.

코칭의 과정은 상담이나 멘토링 혹은 컨설팅과는 달리 코치가 제안을 하거나 해답을 하지 않으며, 고객 스스로가 답을 찾아가도록 돕는 과정으로, 코치는 피코치가 스스로 자신이 세운 목적을 향하여 계획을 세우고, 전략을 만들며 방해물을 제거할 수 있도록 그의 내면 안에 내재해 있는 잠재력을 발견하고 능력을 발휘할 수 있도록 피코치의 파트너로서 함께 달려가는 역할을 한다.

Contents of Coaching Agreement

1. 코칭 기간 : 2020 년 7 월 1 일부터 1 주 또는 2 주마다 50 분씩 진행
2. 코칭 방법 : 코칭의 진행은 Face to Face 또는 Phone Coaching 으로 진행
3. 코칭 비용 : 1 회당 _____ 만원 (다음 회의 선납 방식으로 진행)
4. 코칭 취소 : 24 시간 이전 취소 및 변경 가능 (그 외는 50% 비용)
5. 비밀 보장 : 피코치와의 코칭 내용은 비밀 보장
   (하지만 법적으로 타인의 보호가 필요할 경우 코칭 정보의 공개 가능)
6. 코칭 수행 : 미수행된 코칭 과제 및 행동 사항으로 인해 코칭 시간 조절
   (코칭 세션을 언제든지 취소할 수는 있지만 계약된 금액은 환불 불가능)

이상으로 코치와 피코치는 위의 내용에 동의하며
코칭 세션을 진행하는데 있어서 서로가 최선을 다할 것을 약속합니다.

2025 년 12 월 11 일

The Power of Coaching Culture

개인적으로 혹은 기업의 측면에서 코칭 문화를 갖추고 있을 경우에는
다음과 같은 효과를 기대할 수가 있다. 우선, 개인적인 능력을 향상시킬 수
있으며, 일과 삶에 있어서 균형을 갖출 수가 있을 것이다.
또한 적극적이고 긍정적인 미래관을 세우며
맡은 모든 일에 대해서는 집중력과 실행력 또한 높일 수가 있다.

A Map of Coaching

그 과정에서 학습과 향상이 자연스럽게 발생하고 업무 측면에서의 두드러진 성과를 이루는데 코칭은 탁월하게 그 역할을 한다. 이러한 코칭의 과정을 맵(map)으로 만들면 아마도 아래의 표와 같을 것이다.

우선 처음 만나게 되는 코치와 피코치는 가장 중요한 코칭의 요소인 '신뢰'를 먼저 구축해야 할 것이다. 그런 뒤 자연스럽게 대화의 주제 혹은 목표를 정하고 집중해야 된다. 그런 뒤 현재의 상황을 인식하고 방어하는 일들을 제거하고 액션으로 옮기게 될 것이다. 그 이후에는 피드백을 통해서 다시 점검하며 최상의 액션을 취하게 된다.

What is Coaching?

코칭과 비슷한 부류에는 티칭, 컨설팅, 카운슬링 그리고 멘토링 등이 있다. 이들 중에서 코칭은 특히 가르치기 보다는 파트너를 돕는 과정이며, 과거의 심리적인 치료가 아닌 현재와 미래를 향한 계획표 및 발걸음을 걷게 만드는 특징을 가지고 있다.

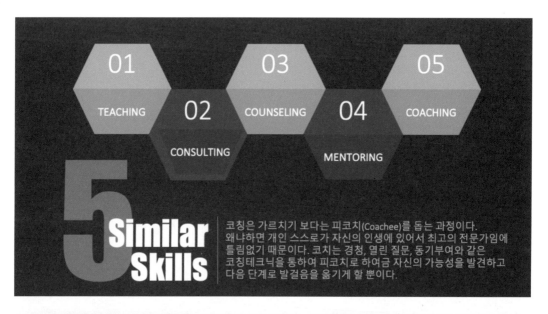

코칭은 가르치기 보다는 피코치(Coachee)를 돕는 과정이다. 왜냐하면 개인 스스로가 자신의 인생에 있어서 최고의 전문가임에 틀림없기 때문이다. 코치는 경청, 열린 질문, 동기부여와 같은 코칭테크닉을 통하여 피코치로 하여금 자신의 가능성을 발견하고 다음 단계로 발걸음을 옮기게 할 뿐이다.

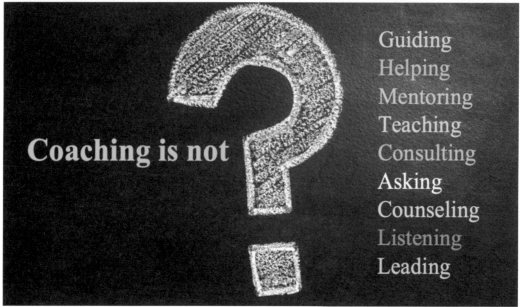

기업과 코칭

기업의 흥망성쇠는 소통에 달려있다 해도 과언이 아니다.
요즘과 같은 창의성의 시대에는 소통의 능력이 더욱 요구된다.
개개인의 창의성이 집단으로 전달되기 위해서는 당연히 소통이 필요할 것이다.

지금은 회사는 창의성을 갖춘 직원이 필요하다.
오늘날의 기업은 소통의 가치에 중점을 맞추는 시대이다.

리더십 경영연구소 (The Institute of Leadership and Management)에 따르면,
코칭은 대부분의 그룹에서 80% 이상 사용하고 있으며
약 2 천명이 넘는 회사에서는 91%가 코칭을 사용하고 있다고 한다.

문제가 아닌, 가능성에 집중하라

일반적으로 피코치들은 '그것은 불가능할 것 같습니다' 혹은 '글쎄요.. 그런 생각은 해보지 못했습니다'와 같은 표현들을 사용할 것이다. 그러므로 코칭의 과정에서는 피코치들로 하여금 무엇이 제한되어 있는가를 알게 하기보다는 가능성이 무엇인가에 집중시키는 인식의 변화가 필요할 것이다. 그리고 코칭의 과정을 다시 살펴본다면 아마도 아래와 같은 순서로 진행될 것이다.

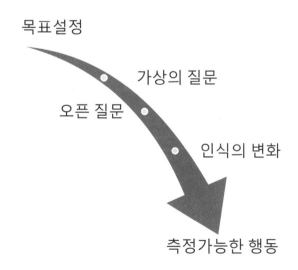

리스닝 기술

   사람은 일반적으로 분당 400 단어 정도를 들을 수 있는 능력이 있지만 단지 125 단어 정도만 말할 수 있다고 한다. 그러므로 모든 정보를 듣기 전에 대부분 판단하는 경향을 지니게 된다. 그러므로 코칭에서 리스닝이 가장 기본적이고 중요한 기술이라고 할 수 있다.

인생의 밸런스 휠

   아래의 그림은 '인생의 바퀴'라고 불린다. 그리고 여기에는 8 가지의 가치 항목이 적혀 있다. 각 항목에 1 에서 10 까지 점수를 준다면 당신은 각 항목에 어느 정도를 줄 수 있겠는가? 그런 뒤 당신이 왜 그만큼의 점수를 주었는지에 대해 나누어 보자.

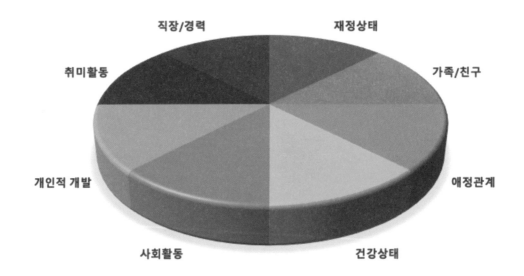

코칭의 탁월성

자기 자신에게 답이 있다고 했을 때,
그 답은 지금 보이는 의식에서가 아닌
그 사람의 잠재의식에서 찾을 수가 있다.

자신의 잠재의식을 바라볼 수 있도록 만드는 것이 바로 '질문'이다.
이렇게 질문은 인식의 흐름을 자신의 내부로 향하게 만든다.

그러므로 코칭은 잠재의식 속에 놓여 있는 해결책을 이끌어내는
일련의 '커뮤니케이션 과정'이라고 할 수 있다.

그러므로 '코칭식 대화'는 가장 탁월한 도구임에 틀림없다.

EASY Coaching '이지코칭'
Based on Egogram Profile

'자기이해' '타인이해' '관계이해'를 가능케 하는 '이고그램'과 함께!

*사례: 왜 김선생은 늘 늦게 출근하고, 회의 때에는 자신이 맡은 일은 제대로 끝내지도 못한 채, 평일에는 학생들에게 짜증만 내고 그럴까? 소문에 따르면 집에서는 너무 괜찮은 아빠이자 남편이고 회사 모임에서도 늘 잘 어울린다고 한다.

*질문: 이 사역자의 성격은 어떠할까? '이고그램'은 이에 대해 명쾌한 답을 가진 '성격 검사' 도구이다. 위 사례에서 사역자의 행동은 상황에 따라 다르고 관계하는 사람에 따라 다르게 나타나고 있다. 이렇듯 관계에 따라 심리적 에너지의 양이 달라진다고 보는 성격적 접근법이 이고그램(Egogram) 이다.

*Egogram 의 활용

  이고그램 성격 검사를 통해서 심리적 에너지의 양을 관찰할 수 있으며, 이를 통해서 대인관계를 분석하고, 스스로의 변화를 위한 자율훈련을 할 수 있게 하며, 심리상담과 부부관계를 비롯해서 조직진단 및 관리 그리고 의사소통과 진로까지 활용할 수 있다.

*이지코칭 [EASY Coaching]

  '이고그램 프로파일'의 결과를 가지고 현재 직면해 있는 (1) 자녀와의 문제, (2) 부부의 갈등, (3) 직장에서의 관계, (4) 청년의 진로 그리고 (5) 미래의 방향설정 등에 관련된 개인과 비지니스의 문제 및 목표에 대해서 '상담적 접근법'을 통해서는 심리적인 원인을 해결하는데 도움을 주며 그리고 '코칭적 접근법'을 통해서는 개인의 인식의 변화를 통하여 행동의 변화까지 이끌어 낼 수 있도록 철저히 서포트 하는 과정이다.

이고그램의 정의 및 역사

1. 이고그램의 정의

이고그램(Egogram)이란 타인과의 관계에서 외부에 방출하고 있는 자신의 심적인 에너지 양을 막대 그래프로 나타낸 것으로 사람마다 각기 독특한 프로필이 있음을 알 수 있다. 이는 외부에 드러나는 사고, 감정, 행동 등을 보고 그 사람의 자아 상태를 추정할 수 있는 '자화상' 이라고 할 수 있다.

2. 이고그램의 역사

이고그램(Egogram)은 TA 중에서 '구조분석'에 속하며 Berne 의 수제자인 정신분석학자 Dusay 가 고안했다. 우리나라에서는 일본 도쿄 대학의 TEG 등에서 개발한 객관성 높은 질문지법을 일본교류분석협회를 통해 유입되어 사용하였으며, 1990 년대에 들어서 한국식 이고그램을 만들기 시작했다.

이고그램의 검사를 통하여 나온 결과는 그 사람의 성격이 '좋다' 혹은 '나쁘다'를 말하는 것은 아니다. 사람에 따라 다르게 나타나는 이고그램은 완전히 같은 타입은 거의 없다. 또한 이고그램은 CP, NP, A, FC, AC 를 나타내는 5 개의 막대로 구성되어 있는데 이들은 '비판적 어버이 자아 '(CP : Critical Parent), '양육적 어버이 자아' (NP : Nurturing Parent), '어른 자아' (A : Adult), '자유스런 어린이 자아' (FC : Free Child) 그리고 '순응한 어린이 자아' (AC : Adapted Child)를 가리키는 것이다.

이고그램 검사의 목적과 특성

1. 이고그램 검사의 목적

Egogram 을 읽을 때는 자기의 어느 자아 상태가 심리적 에너지의 주도권을 잡고 있는지 그리고 어느 자아 상태의 힘이 가장 약한지 주의를 기울여서 심리적 에너지의 분배 상태나 자신의 사고방식이나 태도의 패턴을 발견하여 자기의 참모습을 진단하고 균형된 모습으로 자기를 변화시키며, 바람직한 방향으로 수정 및 개선해 나가고자 하는 것이 Egogram 의 목적이다.

2. 이고그램 검사의 특성

TA 창시자이자 미국의 정신 의학자인 에릭 번(Eric Berne)은 여러 환자들을 치료하는 과정에서 모든 인간에게 세 가지의 자아 상태가 존재하고 있음을 알았다. 그에 의하면, 자아 상태라 함은 "일관된 감정과 경험의 일정한 패턴이 그에 대응하는 일관된 행동 패턴과 직접적으로 관련되어 있다"고 정의하고 있으며, 이러한 세 개의 인격은 각각 분리되어 있으며 특이한 행동의 원천이 된다고 보았다.

EASY Coaching?

일반적으로 코칭에서 사용하는 MBIT 혹은 DISC 와 같은 성격테스트와는 달리 EASY Coaching 에서 사용하는 '이고그램'은 피코치의 어느 자아 상태가 심리적 에너지의 주도권을 현재 가지고 있으며 또한 피코치의 사고방식과 태도의 발견을 쉽게 할 수 있기 때문에, 코치는 파워풀한 질문을 통하여 피코치가 스스로 잠재력을 발견하고 자신감을 가지고 업무를 혹은 문제를 풀어 나갈 수 있도록 할 수 있도록 하며 동시에 모든 일에 열정적으로 임하고 책임감을 가지고 전진할 수 있도록 도울 수 있다.

또한 피코치 스스로가 자신의 장점과 약점을 발견할 수 있도록 함으로써 자신을 변화시키고, 생각과 삶의 변화를 바람직한 방향으로 스스로 바꿀 수 있도록 돕는 작업을 쉽게 할 수 있다는 점도 매우 중요한 포인트이다. 아래는 이지코칭(EASY Coaching)에서 만날 수 있는 다양한 주제와 질문들이다.

(1) 아내가 바깥 세상으로 나가면 위험해질 것이라 생각하는 남편

1. 왜 그렇게 늘 세상은 위험하다고 생각하시나요?
2. 무엇이 그렇게 불안한 마음을 갖도록 하는지 생각해 보셨는지요?
3. 오늘 아내가 외출 할 때 당신이 생각하고 있는 최악의 시나리오는
   무엇인가요?
4. 그러한 일이 생기지 않도록 세울 수 있는 계획이 있다면 어떠한 것들일까요?
5. 혹시 아무런 문제가 없을 것이라고 믿는데 있어서... 어떠한 어려움이
   있나요?
6. 그러한 어려움을 제거할 수 있는 방법 2 가지가 있다면 무엇일까요?
7. 그렇게 '신뢰를 키울' 경우에 무엇을 기대할 수 있는지요?
8. 그렇다면 언제 그리고 어떻게 그 2 가지 방법을 실행하고자 하십니까?

(2) 분노와 짜증내는 성격으로 인해 타인과의 관계가 좋지 않은 사람

1. 당신은 스스로의 성격에 대해서 하루에 몇 번 정도 실망하는지요?
2. 어제와 같은 일에 대해서 판단하게 된 기준이 있다면 그것은 무엇인지요?
3. 그 당시 화를 내지 않고 자제를 했다면 어떠한 일을 기대할 수 있을까요?
4. 그렇게 좋은 결과를 기대할 수 있는 원동력이 있다면 무엇일까요?
5. 그럼 희망과 진실을 바탕으로 살아가는데 있어서 방해가 되는 것들이
   있다면 무엇일까요?

코칭 윤리규정

(사) 한국코치협회 윤리규정

윤리 강령

1. 코치는 개인적인 차원뿐 아니라 공공과 사회의 이익도 우선으로 합니다.
2. 코치는 승승의 원칙에 의거하여 개인, 조직, 기관, 단체와 협력합니다.
3. 코치는 지속적인 성장을 위해 학습합니다.
4. 코치는 신의 성실성의 원칙에 의거하여 행동합니다.

윤리 규칙

제1장 기본 윤리

제 1 조 (사명)
1. 코치는 한국코치협회의 윤리규정에 준거하여 행동합니다.
2. 코치는 코칭이 고객의 존재, 삶, 성공 그리고 행복과 연결되어 있음을 인지합니다.
3. 코치는 고객의 잠재력을 극대화하고 최상의 가치를 실현하도록 돕기 위해 자기성찰과 끊임없이 공부하는 '평생 학습자'가 되어야 합니다.
4. 코치는 자신의 전문분야와 삶에 있어서 고객의 롤 모델이 되어야 합니다.

제 2 조 (외국 윤리의 준수)
코치는 국제적인 활동을 함에 있어 외국의 코치 윤리 규정도 존중하여야 합니다.

제 2 장 코칭에 관한 윤리

제 3 조 (코칭 안내 및 홍보)
1. 코치는 코칭에 대한 전반적인 이해나 지지를 해치는 행위는 일절 하지 않습니다.
2. 코치는 코치와 코치 단체의 명예와 신용을 해치는 행위를 하지 않습니다.
3. 코치는 코치 고객에게 코칭을 통해 얻을 수 있는 성과에 대해서 의도적으로 과장하거나 축소하는 등의 부당한 주장을 하지 않습니다.
4. 코치는 자신의 경력, 실적, 역량, 개발 프로그램 등에 관하여 과대하게 선전하거나 광고하지 않습니다.

제 4 조 (접근법)

1. 코치는 다양한 코칭 접근법 (approach)을 존중합니다. 코치는 다른 사람들의 노력이나 공헌을 존중합니다.
2. 코치는 고객이 자신 이외의 코치 또는 다른 접근 방법(심리치료, 컨설팅 등)이 더 유효하다고 판단되어질 때 고객과 상의하고 변경을 실시하도록 추구합니다.

제 5 조 (코칭 연구)

1. 코치는 전문적 능력에 근거하며 과학적 기준의 범위 내에서 연구를 실시하고 보고합니다.
2. 코치는 연구를 실시할 때 관계자로부터 허가 또는 동의를 얻은 후 모든 불이익으로부터 참가자가 보호되는 형태로 연구를 실시합니다.
3. 코치는 우리나라의 법률에 준거해 연구합니다.

제 3 장 직무에 대한 윤리

제 6 조 (성실의무)

1. 코치는 고객에게 항상 친절하고 최선을 다하며 성실해야 합니다.
2. 코치는 자신의 능력, 기술, 경험을 정확하게 인식합니다.
3. 코치는 업무에 지장을 주는 개인적인 문제를 인식하도록 노력합니다. 필요할 경우 코칭의 일시 중단 또는 종료가 적절할지 등을 결정하고 고객과 협의합니다.
4. 코치는 고객의 모든 결정을 존중합니다.

제 7 조 (시작 전 확인)

1. 코치는 최초의 세션 이전에 코칭의 본질, 비밀을 지킬 의무의 범위, 지불 조건 & 그 외의 코칭 계약 조건을 이해하도록 설명합니다.
2. 코치는 고객이 어느 시점에서도 코칭을 종료할 수 있는 권리가 있음을 알립니다.

제 8 조 (직무)

1. 코치는 고객, 혹은 고객 후보자에게 오해를 부를 우려가 있는 정보전달이나 충고를 않습니다.
2. 코치는 고객과 부적절한 거래 관계를 가지지 않으며 개인적, 직업적, 금전적인 이익을 위해 의도적으로 이용하지 않습니다.
3. 코치는 고객이 스스로나 타인에게 위험을 미칠 의사를 분명히 했을 경우

한국코치협회 윤리위원회에 전달하고 필요한 절차를 취합니다.

제 4 장 고객에 대한 윤리

제 9 조 (비밀의 의무)
1. 코치는 법이 요구하는 경우를 제외하고 고객의 특정 정보를 공개 또는 발표하기 전에 고객의 동의를 얻습니다.
2. 코치는 고객의 이름이나 그 외의 고객 특정 정보를 공개 또는 발표하기 전에 고객의 동의를 얻습니다.
3. 코치는 보수를 지불하는 사람에게 고객 정보를 전하기 전에 고객의 동의를 얻습니다.
4. 코치는 코칭의 실시에 관한 모든 작업 기록을 정확하게 작성, 보존, 보관, 파기합니다.

제 10 조 (이해의 대립)
1. 코치는 자신과 고객의 이해가 대립되지 않게 노력합니다. 만일 이해의 대립이 생기거나 그 우려가 생겼을 경우, 코치는 그 것을 고객에게 숨기지 않고 분명히 하며, 고객과 함께 좋은 대처방법을 찾기 위해 검토합니다.
2. 코치는 코칭 관계를 해치지 않는 범위 내에서 코칭 비용을 서비스, 물품 또는 다른 비금전적인 것으로 상호교환(barter)할 수 있습니다.

부칙
제 1 조 이 윤리규정은 2011.01.01 부터 시행한다.
제 2 조 이 윤리규정에 언급되지 낳은 사항은 한국코치협회 윤리위원회의 내규에 준한다.

윤리규정에 대한 맹세

나는 전문코치로서 (사)한국코치협회 윤리규정을 이해하고
다음의 내용에 준수합니다.

1. 코치는 개인적인 차원뿐 아니라 공공과 사회의 이익을 우선으로 합니다.
2. 코치는 승승의 원칙에 의거하여 개인, 조직, 기관, 단체와 협력합니다.
3. 코치는 지속적인 성장을 위해 학습합니다.
4. 코치는 신의 성실성의 원칙에 의거하여 행동합니다.

만일 내가 (사)한국코치협회의 윤리규정을 위반하였을 경우,
(사)한국코치협회가 나에게 그 행동에 대한 책임을 물을 수 있다는 것에
동의하며, (사)한국코치협회 윤리위원회의 심의를 통해 법적인 조치
또는 (사)한국코치협회의 회원자격, 인증코치자격이
취소될 수 있음을 분명히 인지하고 있습니다.

이지코칭 워크북

2020 년 4 월 1 일 초판 1 쇄 인쇄

저 자   PETER CHUHG & STEPHEN LEE

발행인   이호열

발행처   APPLE TREE

주 소   대전광역시 유성구 죽동로 297 번길 68 씨엔유 프라자 302

등 록   제 2019-000027 호

전 화   042-824-0691

이메일   conn99@hanmail.net

ISBN   9791196834708(03300)